知識・ノウハウを「動画配信」して稼ぐ！

「ネット▶セミナー」のはじめ方

宮川 洋

同文舘出版

はじめに

稼ぐための新しい仕組みと、稼ぎ続ける工夫をお伝えします

お客様にインターネットで動画を配信する「ネットセミナー」をご存じですか？

インターネットでお客様向けに動画を配信したり、セミナーを行なう事業主、コンサルタント・セミナー講師が増えつつあります。この本ではインターネットでお客様に役立つ情報を動画にして配信することを総称して「ネットセミナー」と呼ばせていただきます。

セミナーと言うと講師だけが行なうものと思われがちですが、講師でなくても自分のビジネスの仕組みを伝えたり、お客様へお稽古事の内容、資格取得の仕方などを提供したり、社員教育を行なったりと、さまざまな応用が可能です。

この本では「稼ぐための新しい仕組み」をお伝えします

新たに稼ぐためには、まったく新規に慣れないことをやらなければならない、と考える方もいらっしゃるかもしれません。ネットセミナーは今までのあなたのビジネスにほんの

少しの工夫を加えて、お客様に新たな価値を提供する仕組みです。誰もが動画再生できる端末を持ち、インターネットで配信できるようになった今だからこそ可能になったもので、5年前にはできなかった新しい仕組みです。インターネットで動画を配信することによって今までより多くの方、そして高い頻度でお客様に価値を提供し、その対価としてお金をいただくことができます。ネットセミナーは事業の新しい柱、もしくはそれ自体を事業の中心として位置づけることができる大きな可能性を秘めています。

もう一度言います。ネットセミナーは「稼ぐための新しい仕組み」です。

この本では「稼ぎ続ける工夫」もお伝えします

動画を作って公開すること自体は簡単です。ただ、無料動画を単に公開するだけでは、ビジネスとして安定した収益を上げることはできません。ビジネスで大切なのは収益を上げるためのしっかりした仕組みを作り上げることです。

この本では動画を作ること、公開することだけではなく、ネットセミナーをどうビジネスとして位置づけ、安定した利益を上げていくのか、というビジネスの運用の部分、「稼ぎ続ける工夫」についてもしっかりお伝えします。

知識・ノウハウを「動画配信」して稼ぐ!
「ネットセミナー」のはじめ方 ◎ 目次

2章 こんなことを配信してみよう

3章 ネットセミナー 計画編

4章 ネットセミナー 準備編

5章 ネットセミナー 撮影編

6章 ネットセミナー編集編

7章 ネットセミナー 登録編

8章 ネットセミナー 配信編

カバーデザイン　齋藤　稔（G-RAM）
本文デザイン・DTP　マーリンクレイン

1章

ネットセミナーを はじめよう

今、ネットセミナーをはじめるべき理由

ネットセミナーが広まりつつある背景を眺めてみましょう。

▶誰もが動画を見る手段を持っている

YouTube（ユーチューブ）やニコニコ動画をはじめとしたネットサービスのおかげで、インターネットで動画を見るのが一般的になりました。スマートフォンの普及と回線の高速化で、屋外で動画を視聴するユーザーも増えています。ＫＤＤＩは光回線より早い高速通信を実現することを宣言していますし、他キャリアも負けてはいないでしょう。

「動画を見るってこういうことですよ」とあらためて触れ回らなくても、人々が動画を自然に受け止めてくれる環境が整っています。

▶動画作成も安価で簡単

動画の作成・配信も簡単になりました。比較的安価なビデオカメラ、スマートフォンでも動画が撮れるようになっています。お子さんのいる家庭ではもう機材は揃っているでしょうし、そうでない方も量販店やネット通販で揃えることができます。YouTubeやVimeo（ヴィメオ）のような配信システムを使って、動画配信も簡単にできるようになっています。

ネットセミナーの受講者はすでに動画を視聴するインフラを持っていて、見ることにも抵抗感がありません。新聞にもＢＹＯＤ（Bring Your Own Device）という言葉が掲載されるほどになりました。誰もが動画を簡単に再生できるのです。そしてあなたは安価でネットセミナーの動画を作る機材や、配信の仕組みを手に入れられます。

もうひとつ、嬉しいことに、このネットセミナーの流れはまだはじまったばかりです。ネットセミナーを今はじめるべき理由はこんなところにあります。

ネットセミナーの利益は安定的

あなたが日頃、実際に人を集めてセミナー（以降、リアルセミナーと呼びます）を開催しているなら、その都度、参加者を募ることに苦労されていることでしょう。11月に実施するセミナーの参加者を9月から募集し、12月のセミナーを10月から募集し、と頭の中で並行してセミナーの開催計画を立てる必要があります。この1回1回の集客がうまくできなければ、収益は安定しません。当日払いの人が雨で来なかったり、秋のセミナーでは台風の心配をすることもあります。思いもかけず大きなイベント（マラソン大会など）とぶつかり、思ったように集客できないこともあります。

不確定要素のあるリアルセミナーの開催に比べ、以下のような方法を取ることで、ネットセミナーでは安定した収益を得ることができます。

ネットセミナー1回ごとに配信

リアルセミナーと同様に、毎回参加者の方を募る方法です。生で受講体験ができるリアルセミナーより受講料を安く設定して、受講のハードルを下げます（例：リアルセミナーが6000円なら、ネットセミナー3000円とするなど）。リアルセミナーを開催し、その内容を収録してネットセミナーとして販売してしまうことも可能です。6月1日開催のリアルセミナーであれば、6月1日でないと受講は不可能ですが、ネットセミナーの場合、10月に聞きたいと思った人にも同じセミナーを提供できる、というメリットがあります。

6000円で30人受講するリアルセミナー（18万円）と、3000円で年間100人受講するネットセミナー（30万円）では、ネットセミナーに収益の軍配が上がります。

月額○円でネットセミナーを配信

お客様から月々○円と決まった受講料をいただき、ネットセミナーを提供する方法です。定期的に動画を配信する必要がありますが、一方で新規に毎回参加者を募る必要はありません。新規受講者が増え、退会者が出なければお客様をだんだんと増やしていくことも可能です。この仕組みを作り上げると、セミナー開催のたびに集客に一喜一憂する状態から脱却することができます。

ネットセミナーは運営コストも魅力的

ネットセミナーをみなさんにご紹介しようと思ったのは、ネットセミナーが安価に運営できて、個人事業主、中小企業の方でも小資本での運営が可能な新しい仕組みだからです。すでにお話ししたように、ネットセミナーを視聴するためのPC、スマートフォンなどの端末はすでに受講者が持っているので、運営にかかるコストは動画作成・配信コストだけです。これらのコストがどれくらいかかるのか見ていきましょう。

▶動画を作成するコスト

撮影場所、撮影機材、動画編集のためのコストがかかります。

撮影機材としてビデオカメラを購入する必要があります。インターネットでの視聴を想定した場合、5万円もあれば十分視聴に耐えうるものを揃えることができます。家電製品に詳しくない方は、近くの量販店に行って店員さんに「動画を撮ってYouTubeで公開す

ネットセミナーにかかる費用

初期費用

ビデオカメラ	5万円程度
三脚	3000円程度
編集ソフト	0～2万円

運営費用

撮影会場	0～5000円／回
動画配信	0～2000円／月
メール告知	0～5000円／月

※費用はあくまで目安です

るのに適したもの」と相談するとよいでしょう。あわせて三脚も購入しておきましょう。

動画の撮影が済んだら、次は編集です。編集ソフトは機材購入時に同梱されているものを利用するか、市販の1万円～2万円程度の編集ソフトを購入します。

動画を配信するコスト

動画配信はYouTubeを使う場合は無料、パスワードをかけたり公開範囲を厳密に管理したい場合はVimeoの有料版を使うと便利です。Vimeoを使った場合でも1ヶ月あたり2000円程度で動画配信ができます。

会員の方に定期的にネットセミナーを、という場合は、メール配信の仕組みとして1ヶ月5000円程度のステップメールのサービスを用いるとよいでしょう。

このように、安価な経費でスタートできるのがネットセミナーの魅力です。

無料ばかりでは儲からない

お感じになっている方も多くいらっしゃるかと思いますが、インターネットの世界では無料と有料の垣根がだんだんとなくなってきています。無料で学べる良質のサービスも数多くあります。

そうした中、ネットセミナーの提供者として考えるべきポイントは、どこでビジネスにするのか、すなわちお金をいただくのか、という点です。最初のお試しの段階であれば無料動画を配信するのもよいでしょう。ただ、いつまでも無料動画を配信するだけでは一向に儲けることはできません。無料から有料への転換をする必要があります。

▶無料を求める方は無料を求め続ける

複数のセミナー講師から聞く話ですが、「無料体験講座に来るお客様は最後まで無料を求める」という傾向があります。YouTubeに無料ノウハウを流していればお客様が自然に集まってきて、と考える方もいらっしゃるかと思いますが、ビジネスとしてネットセミナーを行なっていくためには、有料化という大きなハードルを越える必要があります。

▶有料化のポイントは学習の体系化

有料化の大事なポイントは、学習内容をうまく順序立てて提供したり、質問をサポートしたり、と学習を体系化することにあります。1回の配信内容だけでは、質量共に無料のネットセミナーに負けることがあるかもしれません。

ただ、そういった場合でも1回の動画配信ではなく、複数回の動画を順序立てて配信することによって、学習の流れを提供することができます。その流れに沿って学習することで、効果や成果が上がるのであれば、受講者の方にも受講料を継続的に支払っていただけます。

この本では学習の体系化を行ない、安定的な収益を上げるための「仕組み化」について説明しています。この「仕組み化」は一足飛びにできるものではありません。ネットセミナーの成功手順についてみてみましょう。

ネットセミナーの成功手順

それでは、ネットセミナーはどのように手掛けたらよいのでしょうか。安定的収益化までの成功手順は、大きく2つの段階に分かれます。

▶まずは動画配信を体験してみる

何事もはじめてみないと、結果にはつながりません。安定的利益を上げる仕組み作りの前に、ネットセミナーの作成・配信手順についてひと通り体験してみましょう。

より具体的にお話しすると、最初に実践していただきたいのは

①動画を作る
②動画を配信する

の2点です。「①動画を作る」ステップには動画の撮影と編集、「②動画を配信する」ステップにはインターネット上への動画の公開と、視聴者への告知があります。

最初は受講者の方に喜んでもらえるように無料でネットセミナーを公開してもかまいません。

「とにかく動き出そう」という段階ですから、この本を読んだらなるべく早く実践に取り掛かってみてください。

▶慣れてきたら今度は仕組みを作りあげる

単発での動画作成がひと通りこなせるようになったら、次は安定的利益をめざして複数回の動画をネットセミナーとして提供する仕組み作りを行ないます。本書のゴールは、単に動画を作ったり、単発で配信することではなく、継続して収益を上げるための仕組みを作りあげることにあります。

本書では、この2つの段階で必要なことについて説明をしています。ご自分がどちらの段階にいるのかを意識しながら、この先を読み進めてください。

2
章

こんなことを
配信してみよう

経営者は経営ノウハウを伝えてみる

ネットセミナーにはさまざまな使い方があります。

経営者の方なら、他のビジネスにも活用できる経験やノウハウをお持ちでいらっしゃると思います。そういったことをお話しされる機会もあるかと思いますが、時間、場所などの制約でどうしても一部の人にしか有益な情報を伝えることはできません。講演会で全国を跳び回っている方でも、スケジュールには限界があります。

ネットセミナーを活用すれば、講演会に参加する人だけではなく、全国の方に経営ノウハウを伝えることができます。たとえば飲食店の経営者の場合、こんな内容を配信してみてはいかがでしょうか（ご自分の事業分野に置き換えて考えてみてください）。

▶繁盛店のお店屋さんの運営ノウハウ

繁盛店のお店屋さんの運営ノウハウを伝えます。メニューの名前の考え方、価格のつけ方、おすすめ商品の提案方法など、一つひとつのコツを伝えてみましょう。講座形式だけでなく店舗の現場を映して伝えることで、講演会では表現できない、よりリアルな演出もできます。

▶個人店の立ち上げ方法

個人の方がお店を新規開店する時にどんなところに気を配るとよいのか、注意しなければいけないかについて、ネットセミナーで伝えることもできます。ご自分が経験した内容に、一般的な押さえておきたい内容も追加することによって、具体的でかつ独りよがりにならないノウハウを提供することができます。

学習塾の立ち上げ方、サロンの運営方法など、より具体的なものであるほど、その情報を求めている方には強く興味を持っていただきやすいサービスとなります。

▶経営改善の工夫

「お客様の食べ残しが続いたら要注意」など、連綿と続く日々の経営では見逃しがちな、経営改善の工夫について動画化します。紙面やメルマガなどの文字だけでなく、経営者の生の声で具体的に学べる点がネットセミナーのメリットとなります。

お稽古事・学習塾の先生は生徒に教えてみる

お稽古事・学習塾の先生などの、いわゆる習い事を教えている方の場合、実地で生徒に教えている講座をそのまま動画にしてしまうことで、簡単に複数回のネットセミナーのコースが構築できます。既存の生徒に自宅での復習用として提供することもできますし、インターネットだけで学んでいただく新講座を開くこともできます。

▶講座をそのまま配信

ホワイトボードの前に立って行なう講座は、そのまま撮影して動画化してしまいましょう。生徒に取り組んでもらうワークが入る場合は、それを資料化して配ることもできます。

実際の授業内容を撮影する方法や、ネットセミナー用に再収録する方法があります。

▶講座をひと工夫して配信

たとえば「革細工の小物を作ってみよう」「50の手習い料理教室」「一人でできる着付け入門」など手作業が加わる場合、技術やコツをなるべくわかりやすく伝える必要があります。手元の作業を大きく映すと、実地の講座では体験できない、ネットセミナーならではの満足度を得ることができます。手元を大きく見せられること、何度も繰り返し再生できることは受講者にとって大きなメリットになります。

実地で行なっている講座の生徒向けに、自宅での復習用として提供するのも有効です。「この教室の先生の講座は復習もできるのよ」と口コミで広がれば、実地の講座への集客力アップも期待できます。NHKで放映している趣味の講座や、DVDで販売されている動画の講座などを意識して動画化してみるとよいでしょう。

▶インターネットだけの講座で集客の幅を広げる

お稽古事・学習塾は通信講座で学べるものもありますが、紙の媒体だけでは、どうしても受講者の方にイメージをパッと伝えることができません。かといって実地での講座開催では、集客が周辺地域の方に偏りがちです。ネットセミナーでわかりやすく動画を配信すれば、通信教育と実地のそれぞれの問題点を解決でき、全国区で生徒を募集することができます。

セミナー講師はネットでセミナーを開催してみる

セミナー講師の場合、普段のセミナーをそのまま撮影して配信する方法や、ネットセミナー用に収録し直す方法があります。単発ではなく複数回のコースを作る時は1回のセミナーを複数回に分けたり、いくつかのセミナーを組み合わせるなど工夫が必要です。

▶セミナー内容をそのまま配信

普段開催するセミナーをそのまま撮影して動画化する方法です。実際に行なうセミナーを収録するわけですから、動画作成に時間をかけることなく一番早く動画化することができます。セミナー開催時間が長い場合、そのまま配信してしまうのではなく、編集でより小分けにしてネットセミナーとして配信する方法もあります。たとえば60分のセミナー内容を6つの要素に分解して10分×6回のネットセミナーにすることもできます。小分けにすることで受講者の1回1回の学習負担を減らし、同時に後でノウハウが変更となった時にその部分だけ変更がきくのがメリットです。

▶ネットセミナー用に動画を撮影

セミナーの内容をネットセミナー用に置き換えて、あらためて動画を撮影します。セミナー内容を再整理して順序立てた構成にすれば、受講者の満足度はさらに上がります。セミナーをそのまま撮影した動画に加えて、補足事項やさらに一歩踏み込んだノウハウを提供することで、付加価値を感じていただくこともできます。

▶セミナー資料からの応用

セミナーを開催した時に作成した配布資料を利用しない手はありません。セミナーの受講対象者、学べることを明確にし、資料の順で動画に落とし込んでいくことで、1から作るよりはるかに早く、ネットセミナーを構築できます。現行の資料の流れで説明が飛躍している場所がないか、説明が不足しているところはないかを見直し、不足分は新しく追加して資料・動画を充実させましょう。セミナー開催時に参加者の方から出てきた質問を盛り込むのもひとつのアイデアです。動画＋資料の形でネットセミナーを作成することで、受講者の方に理解を深めていただくことができます。

スタッフ教育に応用してみる

スタッフの方に一定の知識・技術を学んでもらう場合など、繰り返し行なう作業を一部ネットセミナー化することにより、スタッフ教育を効率化することも可能です。

お客様向けのサービスではないので直接の収益が上がるわけではありませんが、ネットセミナーのひとつの活用方法としておすすめです。

▶スタッフがよくミスをすることを事例化

仕事上でミスが起こりがちなことを事例集として動画にまとめて情報共有することで、新たなミスを未然に防ぐことができます。ミスが起こりやすいシーンを再現ドラマの形で動画化すれば、受講するスタッフにも興味を持って見てもらうことができます。

▶スタッフ研修を動画化

スタッフが全国に散らばっている場合、勤務体系が異なる場合など、同じ内容を学んでもらいたいのに集合研修をしにくい場合があります。そんな時にネットセミナーは効果を発揮します。研修を動画化して、時間と場所を選ばずに見てもらうようにしましょう。

ただ見て終わってしまうだけではいけませんから、習熟度テストをインターネット上で行なうなど、ネットセミナーを受講しているかどうかチェックするようにしましょう。

▶指導内容を汎用化すれば外販も可能

接客マナーや営業攻略法などのノウハウも、少し抽象度を上げれば他の会社でも使えるノウハウとなります。練り上げた内容であれば一連のネットセミナーを他社向けに配信することも可能ですし、作り上げたネットセミナーを事例として見せ、カスタマイズの作成を請け負うという営業商材にも利用できます。たとえば飲食店向けのマナー講座を居酒屋向けにするなど、工夫次第で自家製のネットセミナーを外販することができます。

棚卸をしてみよう

それでは、実際にネットセミナーで配信する動画の内容について考えてみます。まずは自分自身、事業についての棚卸をしてみましょう。

「動画で伝えるとお客様が喜んでくれそうなこと」を考えながら左の表に書き込んでみてください。棚卸の時点では、ざっくばらんでまとまりのないアイデアでも大丈夫です。無理にまとめようとせず、思いついたことをどんどん書き留めていきましょう。項目にとらわれず、大きな紙に書いていくのもおすすめです。

棚卸では、ネットセミナー受講者に対して提供したいサービス（もしくはすでに提供しているサービス）を細かく書き出してみます。それを順番に伝えるとしたら、どのような形になるか章立てをしてみましょう。実際の講座、会員向けに会報やサービスの説明手順を作っているのであれば、そちらも参考にしてください。

受講者に提供するノウハウを自分が持っていなくても、提供できる人の力を借りることができるのなら、枠を広げて、自分＋協力者で提供できるネットセミナーを考えてみます。

提供できるネタを探してみよう

観　点	アイデア
得意分野	
差別化できるところ	
保有資格	
誰かに 教えていること	
今、 勉強していること	
誰かの「困った」を 助けたこと	
よく顧客から 質問されること	
誰かと協力して 実現できること	

アフィリエイトチャレンジ

株式会社もしも
アフィリエイトチャレンジ
佐藤俊幸様

動画を利用しているビジネスについて簡単にお聞かせください

「アフィリエイトチャレンジ」というアフィリエイトサイト運営の教育サービスをしています。紙やPDFでの教材、オンラインコミュニティ、メールマガジンなど、受講者によりわかりやすくノウハウを伝えるためにさまざまな手法に取り組んでいます。そのなかで動画も活用しています。

動画配信頻度・配置方法など

サイト運営の一連のノウハウをひとつの動画にまとめています。動画はYouTubeで公開し、アフィリエイトチャレンジのWEBサイトにも掲載しています。

動画配信に対する会員の方の反応をお聞かせください

実際のサイト運営作業を、耳で解説を聞き、目で見て学べることによい反応をいただいています。それまで同じ内容をPDFの教材でも配布していましたが、動画で作り直したことによって、「PDFではよくわからなかったが、動画で見たらよくわかった」

といった声もいただいています。

動画配信のいいところ、大変なところなどをお聞かせください

🖋パソコンの操作をそのまま見せることができるため、パソコンに不慣れな人に、画面のどこをクリックして、どう作業を進めればいいのかをよりわかりやすく伝えることができます。また、音声だけを聞くこともできるため、電車での移動中に音声の解説を聞いて、たまに画面も見て、という使い方をする方もいらっしゃいます。

ただし、動画は作成が大変です。20分ほどの動画でも、「企画」「流れの設計」「画面配置を考える」「音声と画面を合わせる」「文字を入れる」と、とても手間がかかります。

また、静かな環境を準備することも大変です。マイクで解説の声を録りながら動画撮影したため、大きな物音がしてしまうと、解説の声を撮り直さなければいけません。オフィスの会議室で動画と音声を録りましたが、たまたま会議室の外を大きな音をたてて歩く人がいて、撮影し直すということが何回もありました。静かな環境、撮影機材など、整った撮影環境があればもっと効率よく動画を作ることができるだろうと感じました。

今後の展望があればお聞かせください

🖋動画のメリットを活かして使っていければと考えています。特に画面操作の解説には最適です。他にも適した使い方を探りながら、有効活用していきたいと考えています。

アフィチャレ高速道路 メディア紹介商品ブログ編
― アフィチャレオンデマンド

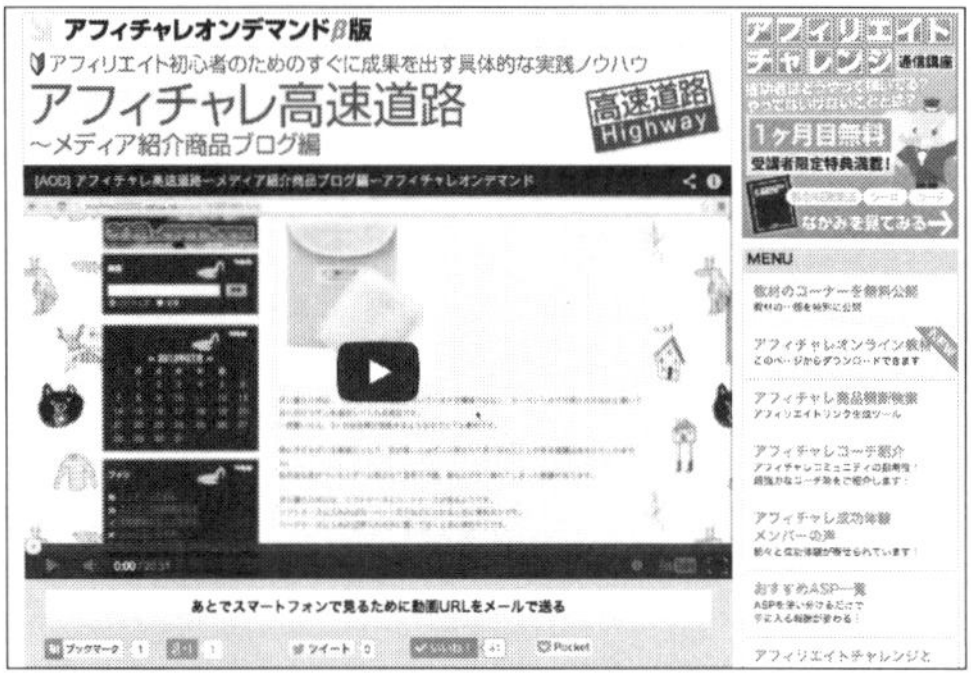

http://ch.moshimo.com/afch/ondemand/

事業URL	http://ch.moshimo.com
撮影機材	パソコンの画面を動画編集ソフトで撮影、音声はパソコン（Mac BookAir）の内蔵マイクを使用。
動画編集ソフト	Camtasia Studio http://www.capture-soft.jp/products/camtasia
動画の公開範囲	不特定多数の方全員

紹介コメント

「アフィリエイトチャレンジ」のノウハウの一部を無料で公開し、集客の導線にされています。「動画を作成します」とは佐藤さんから伺っていたのですが、20分の動画による公開はかなり太っ腹な印象を受けました。ブラウザの操作は初心者の方にわかりづらいところ・伝わりづらいところではあるので、そこをうまく動画で説明されています。パソコン操作を初心者の方に簡単に伝え敷居を低くしているのが素晴らしい点です。パソコン操作の動画配信については今後いろいろな可能性があると思います。

ネットセミナー事例紹介

ブレイク士業経営塾（ブ士塾）

株式会社ネクストフェイズ
代　表　東川 仁様
担当者　谷野彰紀様

動画を利用しているビジネスについて簡単にお聞かせください

士業・コンサルタント向けの会員組織のサービスにて動画を利用しています。事務所経営に役立つセミナー動画を毎月、会員のみに配信するというサービスで利用しています。他にもその際の動画の内容をダイジェストにし、一般公開として配信しています。

動画配信頻度　月に2～3本程度。

動画配信に対する会員の方の反応をお聞かせください

「いつでも復習できるので、便利だ」
「聞きに行きたいと思っていたセミナーにどうしても行けない場合にありがたい」
などの声をいただいています。

動画配信のいいところ、大変なところなどをお聞かせください

いいところ　ＤＶＤなどにしてしまうと送料がかかったり、梱包したりと、色々と不便な点がある。動画配信なら、その点の煩わしい作業がない。

大変なところ🖊初期は編集など慣れないので、とまどった。実際はじめるにあたり、最近では編集や撮影してくれる業者もあるので、敷居は低いと思う。

今後の展望があればお聞かせください

🖊動画コンテンツの充実を考えています。

現在作成している動画は

- 会員用のセミナー動画（限定公開）
- 集客用のセミナーダイジェスト動画（公開）
- 弊社主催イベント動画（公開）

となっていますが、他にもセミナー動画の物販などを進めていく予定です。

それ以外にも、クライアントさんや色々な場面で活躍されている方々との対談動画を配信していきたいと考えています。動画での集客方法も考えています。

ブ士塾のネットセミナー視聴ページ（会員の方限定公開）

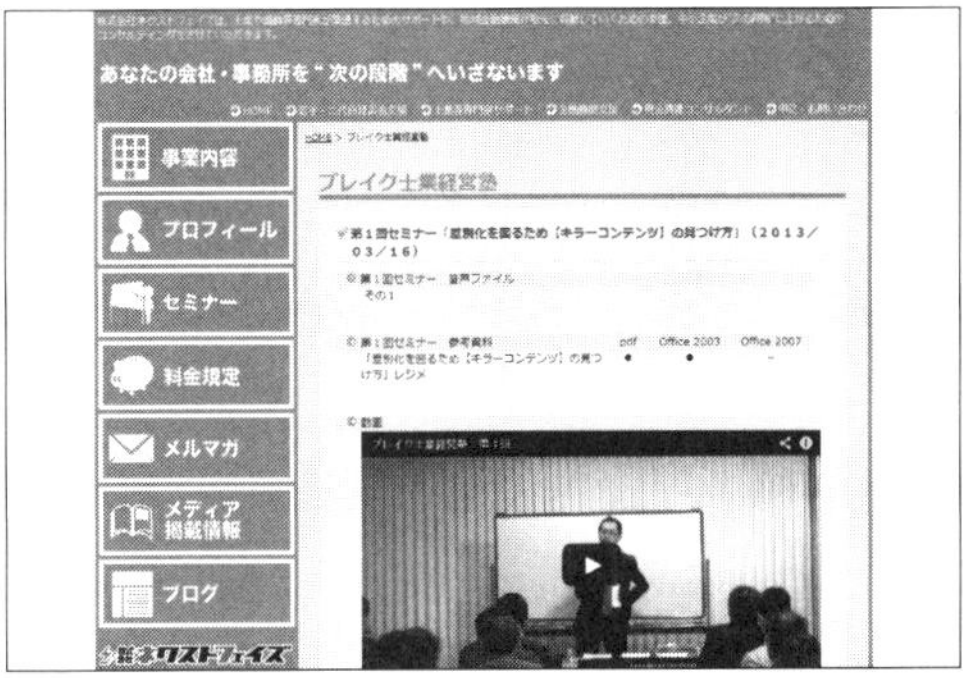

事業URL	会社HP：http://www.npc.bz/ ブ士塾（会員組織）：http://www.npc.bz/busijuku/
撮影機材	Sony デジタルビデオハンディカム
動画編集ソフト	Sony Vegasムービーメーカー
動画の公開範囲	セミナー動画：会員のみ ダイジェスト動画：全体公開

紹介コメント

『90日で商工会議所からよばれる講師になる方法』（同文舘出版）の著者でもある東川先生が代表の株式会社ネクストフェイズが運営されているブ士塾のサイトです。ダイジェスト版を全体に対して配信し、会員の方限定で視聴サイトを作り見てもらう、という形で運営をされています。毎月のセミナー実施とセミナーに来ることのできない方向けの動画配信をうまく運用されています。運営担当の谷野さんとは意見交換をさせていただいたりしています（ちなみに私も2014年に本テーマであるネット動画配信についてのセミナー講師を務め、動画収録をしていただきました）。会員組織向けネットセミナー運営方法として非常に参考になります。

もしもビギナーズ塾

もしもビギナーズ塾
市川　陽子
宮川　洋

動画を利用しているビジネスについて簡単にお聞かせください

もしもドロップシッピングで売上向上をめざす初心者の方に時間と場所を選ばずインターネットで学べる仕組みを提供しています。受講者の方には動画とノウハウメールで主に情報発信をしています。

動画配信頻度

時期によりますが、1年間に100種以上の動画視聴をしていただいています。

動画配信に対する会員の方の反応をお聞かせください

「何度も繰り返し視聴できるのがいい」
「『百聞は一見にしかず』と言われますがまさにその通り」
「あまりPCやネットに詳しくない私にはぴったりの勉強法です」
と動画配信に魅力を感じ、入塾いただいてる方も多くいらっしゃいます。

動画配信のいいところ、大変なところなどをお聞かせください

いいところ ✐何度もやり取りをせず多くの情報を受講者の方に伝えられるところ。

大変なところ ✐動画で紹介したソフトウェアのバージョンが上がると動画を作り直しになるところ。

今後の展望があればお聞かせください

✐セミナーで話している内容をもっと動画にできればと考えています。構想があり、動画化できていないものがたくさんありますので、淡々と作業を進めていきます。

もしもビギナーズ塾サポートサイト(会員の方限定公開)

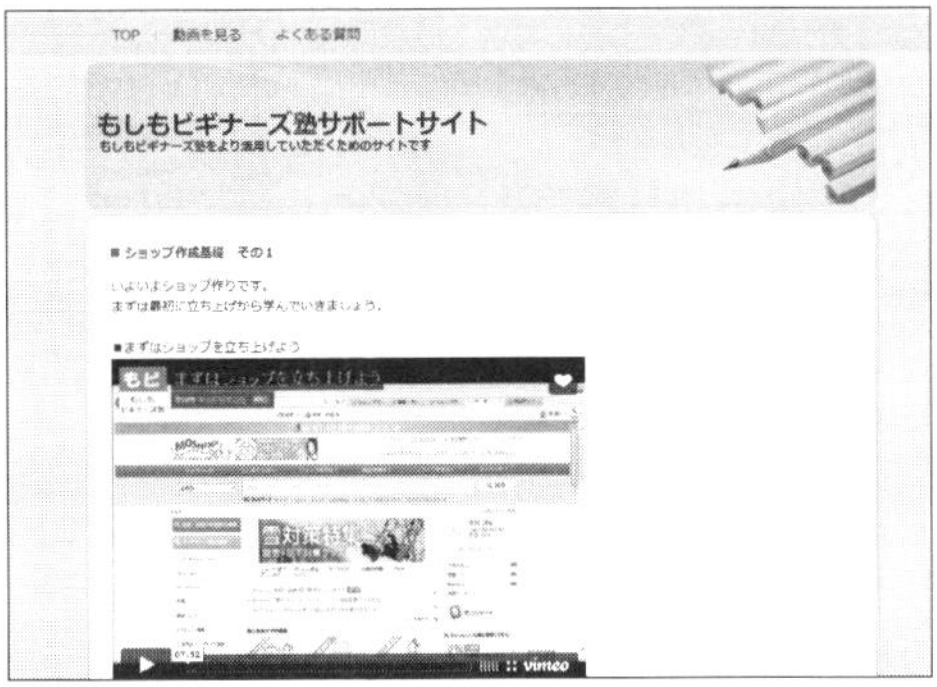

事業URL	もしもビギナーズ倶楽部(もしもビギナーズ塾運営母体) http://www.moshimobj.com/
撮影機材	Panasonic HDC-TM85 (購入当時5万円くらい)
動画編集ソフト	CamtasiaStudio(前述) Adobe Premire Elements http://www.adobe.com/jp/products/premiere-elements.html
動画の公開範囲	ノウハウ動画:会員のみ 塾紹介動画:全体公開

紹介コメント

動画中心の塾ではありますが、動画だけではなくステップメールでのノウハウ配信やSNSなどいろいろな角度からやる気とノウハウを提供する塾運営を心掛けています。

その他動画配信を活用しているところ

全日本SEO協会会員ページ（会員限定公開）

事業URL：http://www.zennihon-seo.org/

紹介コメント

私も会員である、全日本SEO協会様も1週間に一度「週刊SEOビデオニュース」をメールで動画配信されています。

SEOはインターネット上で検索順位を上げるためのノウハウですが、まさに日進月歩のノウハウのため、最新情報を毎週配信してもらえて役に立っています。

3
章

ネットセミナー
計画編

ネットセミナーで決めておくこと

それでは、ここからネットセミナーを計画していきましょう。巻末にある企画シートを元に、大きなA３用紙などを準備してアイデアを書き留めていくのがおすすめです。

まずは計画を立ててみよう

技術的な仕組みは実践編でお伝えしますので、その前にビジネスとしての仕組みをしっかり考えていきましょう。セミナー集客用の無料動画であれば、単発なので比較的簡単にできますが、安定的に収益を上げるための会員向けのネットセミナーには緻密な計画とシミュレーションが必要です。

まず考えておきたいのが左の表にある事柄です。これらの事柄について検討していきましょう。

ネットセミナーであらかじめ決めておくこと

検討項目	検討内容
ビジネスの位置づけをどうするか	自分のビジネスの中でネットセミナーの位置づけを明確にする
誰に提供するのか	既存会員、新規顧客など対象を明確にする
何を提供するのか	学習内容、レベル分け
いつ提供するのか	１回の単発で開催か、複数回かどれくらいの期間で行なうか
どうやって提供するのか	料金体系、配信方法

ビジネスの中の位置づけを決める

ネットセミナー自体をビジネスとするのか、既存会員の方たちへの付加価値にするのかによって、戦略が異なります。ご自分のビジネスの中での位置づけをしっかりと考えましょう。ここでは3種類の検討をしてみます。まずはここからはじめて、ゆくゆくこうしよう、というように将来の展望を睨みながら考えてもよいでしょう。

ネットセミナーを主体とする

ネットセミナー自体を主体とする方法です。たとえば何かの習い事の先生をしているのであれば、指導する舞台の中心をネットセミナーに移してしまい、ネット上で教育を展開する、という方法を検討します。付加価値として位置づける場合に比べ、しっかりした仕組み作りが必要になります。

▶既存のお客様への付加価値とする

現在、お客様をお持ちの方は、ネットセミナーを「お得意様囲い込み戦略のひとつ」と考えてみましょう。お稽古事やコンサルティングなどのさまざまな顧客に対して、付加価値としてネットセミナーを提供していきます。

たとえば毎月1回メルマガを送っているのであれば、それに加えてネットセミナーを配信してみる、など付加価値として動画を加えていくことを検討します。

▶セミナー開催の集客手段・アフターフォローにする

セミナー業をされている方は、集客方法の一環として潜在顧客のセミナー申込みのハードルを下げるため、ネットセミナーを無料公開したり、もしくは受講していただいた後のアフターフォローとしての導入を検討します。

これらの方法はひとつに固定されるものではなく、最初は既存のお客様への付加価値として提供しつつ、だんだんとビジネスの舞台をネットに移していくという方法も考えられます。ご自分のコアビジネスと、その中でネットセミナーに移行できそうな部分、新しくネットセミナーで広げたい部分などを検討してみてください。

誰に提供するのか

ネットセミナーを会員組織として運営する場合、会員の方が増えることは運営者側の切なる願いです。ところが、「1名でも多く」ということで広く浅く募集してしまうと、かえって会員の方が集められない、という場合があります。「誰に提供するのか」を検討するのは重要な運営戦略のひとつです。

▶レベルで絞る

初心者向け、上級者向けなどレベルを分けて募集するのが、最も実施しやすいターゲットの絞り込み方です。初心者向けとなると、参入障壁が低いため、料金・学習内容について入念な競合分析が必要です。一方で、対象となる母数が多い、というメリットがあります。上級者向けは、提供する学習内容にそもそも需要があるかどうかの市場調査が必要になります。差別化することで料金体系を高めに設定することができますが、レベルが上がるほどるにつれて、動画作りのハードルも高くなることを意識しておきましょう。

▶年齢層で絞る

若年層の「学びたい」気持ちと高齢者の「学びたい」気持ちは異なる場合があります。若年層は「素早く身につけたい」という思いがある一方で、高齢者の方は「ゆっくり学びたい」と思っているかもしれませんし、「私でついていけるかしら」と不安を持っているかもしれません。このような、対象者ごとに異なる気持ちに応えるような募集を行なうことで、より安心感を持って参加していただけます。

「そんなことを言っても人それぞれで一概には言えない」と思われるかもしれません。ここは知恵を絞って想定するターゲットを明確にし、集客をしてくことをおすすめします。戦略が外れたら修正すればよい、ただそれだけのことです。

私は過去に、同じ学習内容を、グッと年齢層を絞り込んで募集したことがあります。「中高年の初心者向け」にターゲットを絞り、なるべく専門用語を避けて募集をしたのです。その時は、その年代の方がいつもに比べて倍近くに増えて驚きました。会員募集のターゲットの絞り込みは常に頭の片隅に置いておくべき課題です。

どーんと全国区型 VS グッと絞って地域限定型

ネットセミナーのメリットは何と言っても、時間と場所を選ばないため、広域での募集が可能な点です。では、全国を対象にすべきかというと、そうとも言い切れません。地域密着型のサービスをすでに展開されているのであれば、動画配信を付加価値として使って満足度を圧倒的に上げる、という方法も考えられます。

▶どーんと全国区

対象となる母数が大きくなるため、多くの会員を集めることができます。一方で、いざスタートしてみると会員間の交流が図りづらく関係が希薄になりがち、などのデメリットがあります。

▶グッと絞って地域限定

地元の塾や会員の方に新たに付加価値として提供する場合、この方法が最適です。普段から顔を合わせながらサービスを提供し、さらに動画の提供、と競合の地域限定サービスに比べて動画配信をプラスアルファとして見せることができます。

たとえば大手塾で動画配信のブームが到来しつつありますが、地元の塾でも講座内容の復習、試験前のワンポイントレッスンなどを配信できれば、より身近な存在として感じられ、動画を視聴する生徒の満足度を上げることができます。

ハイブリッドでいいとこどり

全国区ではインターネット以外の交流がしづらいというデメリットがありますが、ある程度の人数が集まってくれれば、地域ごとにオフ会を開催するなど、全国区でありながら地域限定のサービスを提供することもできます。その場合、開催がどうしても都市部に集中しがちなので、そのほかの地域の方をどうフォローしていくかも検討する必要があります。

私の運営している塾の場合、大都市圏のリアルセミナーを特別価格で受講できるようにする一方で、参加できない方のために塾生専用SNSやSkype（スカイプ、インターネット上で無料で通話できるサービス）でインターネット上の交流も意識するようにしています。

何を提供するのか

ネットセミナーのネタ出しとして、棚卸を行なっていただきました。「誰に提供するのか」を検討する中で浮かびあがってくるのが、「何を提供するのか」です。ここでは棚卸した内容を、もう少し具体的にネットセミナーにつながるよう考えていきます。

まずは単発でできる内容を考えてみる

棚卸をしていただいた中から、まずはコスト最小限ではじめることができる単発のネットセミナーを考えてみましょう。自分自身で今すぐ提供できる知識であれば、あとは動画で撮るだけです。既存のお客様をお持ちの方は、〝ごあいさつ〟の動画を撮影してみましょう。セミナー・講座といったまとまりのあるものではなく、業界の市場動向や事例紹介を、数分間、話すのです。

ひとつのアイデアが固まったら、最初のネットセミナー配信に向けて素早く行動を取りましょう。

アイデアを整理して並べてみる

収益性の安定する複数回のネットセミナーを考える場合、受講者への学習の提供順を検討する必要があります。棚卸した項目を学んでいただくとしたら、どの順番で並べたらよいだろう、と受講者を想像しながら内容を並べ替えていきます。並べ替えた内容が大きくまとまるようであれば、ここからここは初級編、ここから先は中級編というようにくくっていきます。

大きく初級、中級くらいに考えていた方は、初級、中級の内容について細分化していきます。細分化の最小単位は1回で配信するネットセミナーの単位にしましょう。最初のうちに配信すること、ゆくゆく知ってもらいたいこと、というように組み立てた順序がそのまま提供するネットセミナーの作成、配信順番となります。

どんなスケジュールで提供するのか

「誰に何を」を考えたら、次はスケジュール「いつ提供するのか」について検討をしていきます。こちらもお客様の形態によって変わってきます。大きく2つのケースに分けられます。

▶継続会員への付加価値として提供する場合

今まで週1回、月1回などの形で会員の方にアプローチしているのであれば、同じようにネットセミナーを定期的に提供することを考えてみましょう。月1回の会報を送るのであればそのタイミング、もしくは2週間ずらして、会報とネットセミナーが交互に届くような配信も効果的です。最初は季節の変わり目のあいさつなど簡単なところからはじめてみましょう。

▶新規会員にネットセミナーで学んでもらう場合

①生涯教育型

習得に時間がかかるもの（たとえば英語学習など）を継続的に教える場合であれば、長期間、会員を続けていただくことも可能です。この場合は前述の付加価値提供と同じように定期的にネットセミナーを配信するようにします。

②スケジュール完結型

もし何かの技術習得（たとえば資格試験、基本接客マナーなど）をめざすネットセミナーであれば、期間を区切った形で配信スケジュールを立ててみましょう。「通信教育やそのほかの教育機関でどのくらいでその技術を習得できるか」が学習期間の目安となります。初級→中級→上級を1年と考えるのであれば、それぞれ4ヶ月ずつとするのか、初級に長く時間を取るのかなど、学習ペースを想定してスケジュールを立てていきます。

ここで注意したいのは、会員向けの動画提供は全員共通、という点です。早く学びたい人がいる一方で忙しくてなかなか前に進めない人がいたり、と会員の方の学習ペースの足並みを一律に揃えることはできませんから、動画配信の他に会員の満足度を上げる仕組み（まとめて動画を見られるようにする、会員同士の交流を深める場を作るなど）を考える必要があります。

1回のネットセミナーの長さを決める

ネットセミナーというからには「セミナーをはじめから終わりまで丸ごとネットで配信」とお考えの方もいらっしゃるかもしれませんが、1回1回の配信をコンパクトにしたほうが、受講者の方の動画を見る負担は軽減され、満足度が上がります。継続的に学んでいただく場合、1回の配信でどのくらいが適切な量かバランスを考えながら動画を作る必要があります。

▶配信は10分以内が理想的

伝える単位として一番小さな単位で配信をします。「これだけは覚えてくださいね」をお客様に伝えると、動画の目的が明確になる上に、時間のない時でもひとつずつこなしていただけます。また、短時間の動画を準備すればよいので、動画作成にかかる負担が減るのもメリットです。YouTubeなどの動画の視聴時間はおおよそ5分~10分以内のものがほとんどです。伝えたいことを、この時間の中でひとつだけ伝えるようにしましょう。リアルセミナーを撮影した動画で区切りが入れづらかったり、基礎を身につけた方向けの高度な専門知識の習得など、受講者の方に一定の集中力を期待できる場合は、この限りではありません。

ただし、講座がダラダラと続くと受講者のストレスになるので、動画が長くなる時は、「今回は○分で長めの内容になります」と動画案内時にメール文面に入れるなど、事前に告知をしておきましょう。

▶配信回数が多くなる場合の注意

1回の配信時間を短くすると、配信回数が多くなります。1時間のセミナーを10分単位にすると、6回の配信が必要です。回数が多くなるほど、満足度を高められる一方で、「まとめて見たい」という時に動画の案内をするメールを寄せ集める必要があるのが難点です。今までの配信動画の振り返りメールを入れてみたり、これだけは見てほしい、と重要な動画を再度紹介するなど、見逃しが少なくなるよう工夫をしましょう。たとえば前編・中編・後編とセミナーを3回に分けるのであれば、中編、後編の配信時にはその前の動画も振り返り見ることができるようにしましょう。

配信スケジュール・提供時間の検討例

ここでは、初心者の方をターゲットにした特定のノウハウを伝えるネットセミナーを検討してみます。

▶まずは全体の期間を検討

初心者の方向けのネットセミナーはノウハウの配信だけをどんどん行なえばよいのではなく、学びを定着させるために実践をする時間をしっかり取る必要があります。ここでは初心者向けに学びと実践の時間を考慮に入れて6ヶ月間で学んでもらうことを検討します。

▶月ごとのテーマを考える

1ヶ月ごとに1テーマ、6ヶ月間で6個のテーマ（もしくは1ヶ月に2テーマ、12個のテーマ）を考えます。テーマのレベル感が揃うように配慮します。最後の月は学びをまとめあげる総集編などを念頭に置いてもよいでしょう。

提供順序を考える

すべての学習内容を一度に提供できませんので、配信の順序を考えます。ここが思案のしどころです。「テーマAを学んでからでないとテーマBの習得は難しいのではないか」と具体的に何度もシミュレーションをしながら順序を一つひとつ決めていきます。

1テーマの提供時間・配信計画を考える

1テーマの内容を身につけてもらうための配信時間を検討し、その配信時間をどう小分けにするか検討します。たとえば1ヶ月1テーマの学習に1時間かかるとしたら、

①1回15分の配信を月4回行なう
②1回30分の配信を月2回行なう

など、1テーマの提供時間を元に配信計画を立てましょう。

本例ではスケジュールを最初に考えましたが、学習内容を章立てして、そこから積み上げる形で全体のスケジュールを決める、という方法もあります。

配信方法を選択する

「動画配信サービス」を利用すれば、動画は簡単に配信することができます。ここでは2種類の動画配信サービスを紹介させていただきます（動画配信サービスへの動画登録方法は後ほど「ネットセミナー登録編」で解説します）。

▶YouTubeによる配信

①無料でネットセミナーを提供する場合

無料で動画を視聴できるようにする場合、グーグルのアカウントを作り、動画を公開するだけでOKです。アップロードした動画のURLをフェイスブックやツイッターなどのSNSを利用して配信してもよいでしょうし、ご自身の事業で配信しているメルマガやホームページで紹介する方法もあります。視聴してくださった方に会員申込みやセミナー申込みをしていただく場合にはこの方法が有効です。

②会員限定でネットセミナーを提供する場合

YouTubeには一部の人だけが視聴可能な「限定公開」「非公開」という動画の公開方法があります。この方法で有料会員限定で動画を配信することができます。デメリットとまではいきませんが、YouTubeは無料視聴できるものが圧倒的に多いため、有料動画の価値を感じてもらいにくいという印象があります。

▶Vimeoによる配信

YouTubeでも動画を一部の人に限った公開が可能ですが、ＵＲＬを他の人に知らされてしまったら見ることができたり、公開を限定する方法が限られていたりと、動画の公開範囲について設定の柔軟性に欠くところがあります。

Vimeoの有料配信であれば、より厳密に会員の方だけにネットセミナーを配信することも可能です。Vimeoの有料サービスは年１万９９００円（２０１４年９月時点）です。月１６６０円程度の経費でより厳密に動画配信の管理ができるので、会員限定の動画配信にはVimeoをおすすめします。

料金体系を決定する

最後に、ネットトセミナーを受講する方から「いくらいただくのか」について検討をします。特に複数回のネットセミナーを一定期間配信する定額課金制の料金体系は、一度決めるとなかなか変えることができないので慎重に検討したいものです。

▶無料

集客の入口としてネットセミナーを行なう場合、無料に設定すべきでしょう。また、既存のお客様への付加価値として提供する場合、動画視聴は無料という形になります。無料の場合、課金方式を決定しなくてもよいので非常に気軽に素早く導入ができます。ネットセミナーをまず行なってみたい、という方におすすめです。

▶有料（1回）

単発のリアルセミナーをネットセミナーに置き換えた場合や、全コースの受講料を最初の1回でいただく場合です。リアルセミナーの受講料を踏まえ、ネットセミナーは少し安めに設定すべきでしょう。全コースの受講料を最初の1回でお支払いいただく場合、途中でやめたくなった場合の返金はどうするのか、などについても検討しておきます。

▶有料（毎月定額）

毎月定額のお支払をいただいて、会員の方にネットセミナーを受講してもらう方式です。会員数×会費の安定的収益を見込むことができます。一方で、定期的なネットセミナー配信を期待されていますから、随時の情報発信をすることで、会員の方に継続的に成長感や達成感などを感じていただく必要があります。

複数コース（たとえば初級↓中級など）を運営する場合、課金体系の切り替え時に会員の脱落が起こる可能性が非常に高くなります。コース切り替え時には次のコースの魅力を最大限に伝えるようにしましょう。

料金・受講回数はじっくり練り上げよう

安定した収益を上げるためには、単発ではなく定額課金制にしていく必要があります。一度決めてスタートすると、途中からはなかなか変更しづらい点が2点あります。この点を最初の時点でじっくり検討しておきます。

一度決めた料金体系はなかなか変えられない

先ほども触れましたが、受講者を継続的に募集する場合、料金体系を簡単に変えることはできない点に注意してください。当初は9800円だったのに、会員が集まらなかったために、「翌月入会する人は4800円」と値下げするような場合、最初の会員に不満が出ないように料金体系も調整する必要があります（安い料金に変更する場合、料金差がたとえ500円でも不満の原因となります）。

たび重なる料金体系の変更は信頼を失うことにもなりかねませんし、料金体系の変更はお支払手続きの変更も伴うため、移行時に必ず退会者が出てきます。最初の料金設定は非常に重要なので、入念に検討しましょう。

一度決めたスケジュールの調整は大変

スケジュールについても同様で、最初に「初心者クラス3ヶ月」とはじめたのに、次の月にやっぱり6ヶ月、と変更するとなると、2本のネットセミナーの提供スケジュールを管理することになり、運営が複雑になります。

このように一度組んだ配信スケジュールを変更するのはとても大変です。たとえば6ヶ月計画のものを途中から1年にする場合、新しく半年分の動画を増やす必要があります。ネットセミナー導入当初はモニター価格でスタートし、テスト的に1サイクルの運営を行なって反応を見てみるなどのやり方で、スケジュールのバランスを整えたいものです。

もちろん開始後の反応を事前にすべて予測するのは不可能ですが、あらかじめ検討し尽くす気持ちで計画を練り上げましょう。

4
章

ネットセミナー
準備編

9つのステップでネットセミナーを組み上げよう

ネットセミナーで安定的な収益を上げるためには、動画を準備し、再生できるようにするだけではなく、全体の枠組みが必要です。一つひとつは決して難しくありませんが、組み合わせるのに少し工夫が必要です。

ここでは私が実際に運用している9つのステップを基本に説明していきます。

何もかも一から構築する方はすべてのステップの準備を、すでにお客様（会員）を抱えている方はメルマガ配信や申込み受付の仕組みなどいくつかのステップを実践していると思いますので、足りないところをつけ足す形で実現していきましょう。

多くのステップがありますが、最初からすべてを作る必要はありません。まずはお試しで、既存や新規のお客様に対して1回だけ配信してみて、その後、本格運営に切り替えるなど徐々にスケールアップしていきましょう。

ネットセミナー申込みから退会までの流れ

ネットセミナー運営のステップ			既存会員にサービスで配信	お試しで新規顧客に1回配信	本格的に運営する
1	申込みを受けつける	会員の申込みを受けつける受付フォームの準備	―	○	○
2	受講案内を送る	申込者に、受講の仕方、受講料の案内	○	○	○
3	課金を行なう	参加費用を課金する決済サービスの選択	―	△ 有料の場合	○
4	メールで視聴案内をする	ネットセミナーを案内するためのメール（メルマガ）	○	○	○
5	動画の再生方法を案内する	準備した動画を再生するサービスの選択	○	○	○
6	会員を管理する	会員の入退会、その他の情報の管理	―	―	○
7	資料を配布する	ネットセミナーの参考資料配布	―	―	○
8	問合わせのサポートをする	入退会、内容に関する問合わせのサポート	―	―	○
9	退会処理を行なう	退会時の手続き	―	―	○

準備までの期間

ネットセミナーを本格的に構築する場合、複数回分の動画を事前に撮影・編集しておく必要があります。「どれくらい動画を準備した段階ではじめればいいのでしょうか」といった質問をいただきます。

▶ストックして余裕の運営体制を

動画の撮影、編集に慣れていない方は時間的、労力的に少し前倒しをして、最初の1ヶ月から2ヶ月分くらいの動画を準備しておくと、気持ちに余裕を持って対応できます。

ただし、「準備ができたら募集しよう」と考えていると準備がいつまでも終わらず、そのうちモチベーションも下がってきて……と、せっかくのネットセミナーを開催しないまま終わってしまう可能性もあります。準備と募集のスケジュールを明確にしましょう。

▶極端な話、まったく動画がなくてもはじめることはできる

会員募集の段階では構想以外まったく動画が完成していなくても、募集と並行して配信ペースに合わせてその都度動画を作成するような、自転車操業的なやり方もあります。

たとえば12月募集開始、1月受講スタートとして、並行して12月から動画作りをしていけばよいのです。募集と動画作成を同時に行なうのはなかなか大変ですが、いち早く集客していくメリットはあります。何と言っても収益を早く得ることができますし、新技術のノウハウ提供など、競合と一刻を争う内容を提供しようとする場合、見切り発車をすることで先駆者優位に立つこともできます。

▶ただし、枠組みを考えておくことは忘れずに

たとえば〝初級編〟とだけ考えて、全体の章立てや動画のタイトルが頭の中に浮かんでこない状態ではじめるのは、あまりに時期尚早です。動画のストックを持たずにスタートする場合でも、「どこまで学んでもらうのか」「何回で学んでもらうのか」といった、学習期間などの枠組みはしっかり考えておきましょう。枠組みさえ考えておけば、〝初級編3ヶ月全10回〟と募集案内で学習内容を受講対象の方に明確に伝えることができます。学習内容の案内が具体的であるほど、受講を検討する人にとってより魅力的な講座となります。

ステップ1　申込みを受けつける

ネットセミナー受講の申込みを受けつけるための仕組みを準備します。ここでは新規に募集を行ないインターネットで申し込める仕組みを構築するケースを考えます。既存のお客様全員に配信する、という方はこのステップの準備は必要ありません。

▶申込みフォームの作成

受講者の必要な情報を収集できるように、申込みフォームを作成します。フォームメーラーなどのサービスを使えば無料でフォームを作成することもできますし、メルマガの配信システムを利用する場合、それに付随するサービスを使って申込みフォームを作ることも可能です。

申込みフォームで集める情報

入力項目	備考
名前	ふりがなもあったほうがよい
メールアドレス	—
電話番号	メールが不着の場合などの連絡用
住所	後から資料送付、DM送付などを想定する場合
経験、レベルなど	必要に応じて情報収集

▶申込みフォームで集める情報

お申込み時に受講者の方から聞いておきたい基本的な情報を表に示しました。

あらかじめ経験やレベルなどを聞いたほうがよい場合もあります。どんな会員管理をするかによって取得する情報が異なりますが、最初から多くの情報を聞き出そうとすると、申込みをためらってしまう可能性もあります。申込みフォームでは必要最低限の情報を聞くようにしましょう。入会後早めの段階でアンケートを実施して詳しい状況を把握するなどの方法をとるのもおすすめです。

ステップ2　受講案内を行なう

申込み時の自動返信で、入会時に必要なことを案内します。最初のメールは一番目に留まりやすい非常に重要なメールです。会費のお支払について、退会についてなどの大切な情報は必ずここで伝えるようにしましょう。

申込みとともに受講がスタートする場合、これら全部の内容を申込み時の返信メールで伝え、受講料お支払後受講開始であれば、事前にお支払、退会についての案内を行ない、お支払後に受講案内メールを別途送信します。

104ページの参考例をご覧ください。

最初のメールで伝えるべきこと

案内する項目	内容
受講スタートについて	入会申込みをした段階で受講がスタートするのか、お支払確認後に受講がスタートするのかを明確にする
受講方法について	「どのようにしてネットセミナーを受講できるのか」を説明する。メールを配信して、そこに書かれた動画のＵＲＬをクリックして見る、というやり方なのか、ホームページなどに動画のまとめページを作るのかなど、動画提供方法によって説明が異なる
受講サポートについて	「受講時に質問がある場合はどうすればよいか」を伝える（メールサポートなのか、問合わせフォームを作るのか、電話でもサポートするのかなど）。
受講料お支払について	受講料のお支払方法について説明する（82ページ「課金を行なう」で詳述）
退会について	退会の手続き、条件について伝える。たとえばカード課金で翌月分支払後に退会希望を受けた場合の取扱いをどうするか、退会後の動画視聴をどうするか、などを事前に伝える

フォームメーラーによる申込みフォームの作り方

実践！

STEP 1

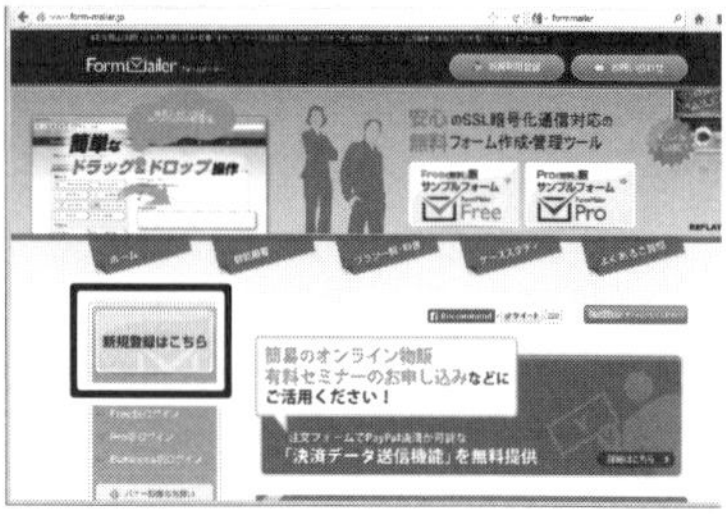

フォームメーラーにアクセスする
http://www.form-mailer.jp/

STEP 2

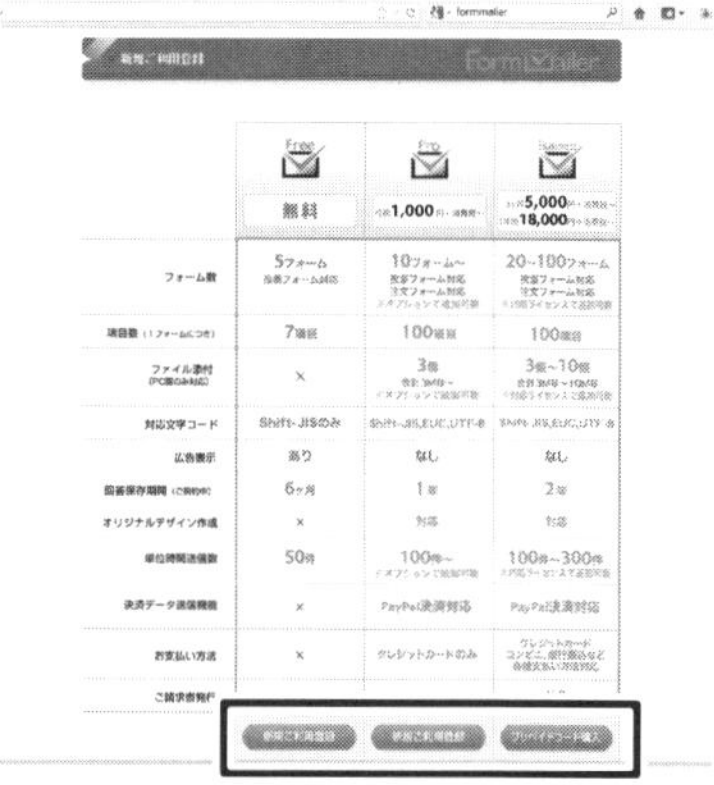

ニーズに合わせてプランを選択する
（お試しで利用する時は無料がおすすめ）

STEP 3

フォームメーラーにログインする
（登録種別で選択）

STEP 4

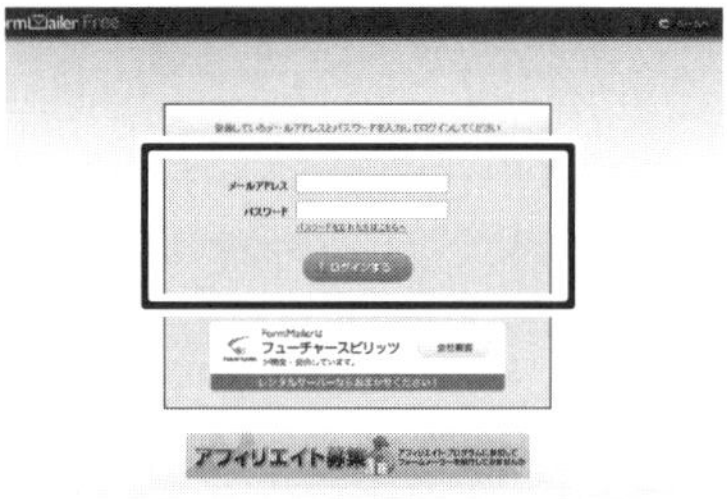

メールアドレス、パスワードを入力し
“ログインする” ボタンをクリック

STEP 5

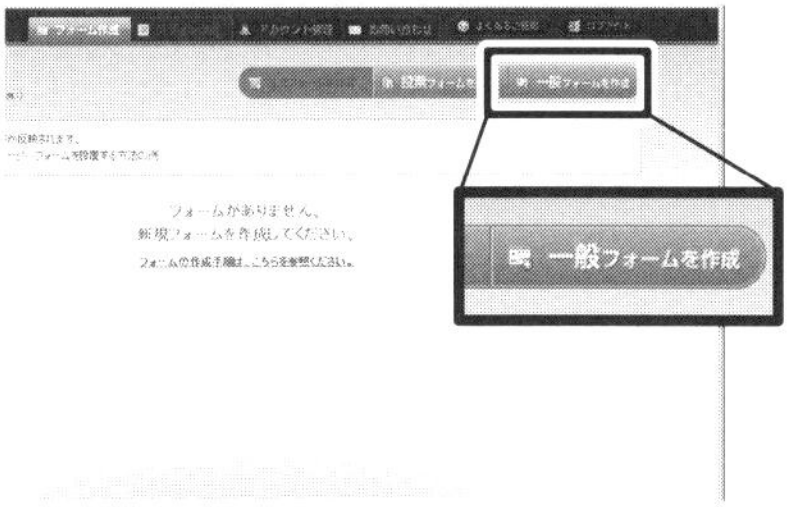

初期状態はフォームがないので“一般フォームを作成”をクリック

STEP 6

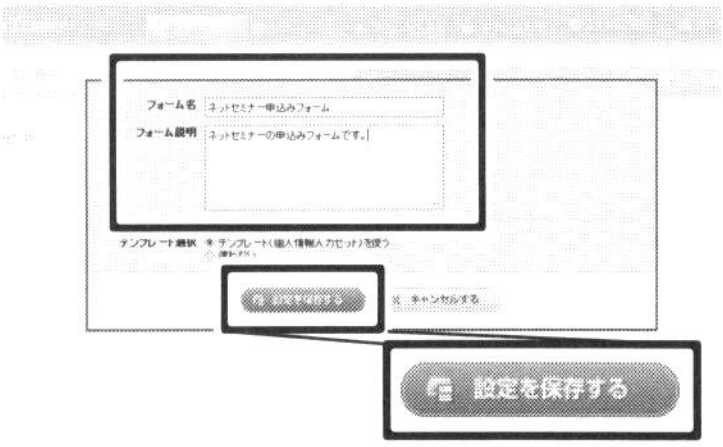

応募してもらうフォーム名、フォームの説明を入力し“設定を保存する”をクリック

注：ここで行なう設定はあくまで一例です。募集形態によってさまざまなフォームがありますので、ご自分の事業にあったものを作成してください。

STEP 7

新規フォームが作成されているので“入力項目編集”をクリック

STEP8以降で
申込みフォームの
中身の設定を行ないます

STEP 8

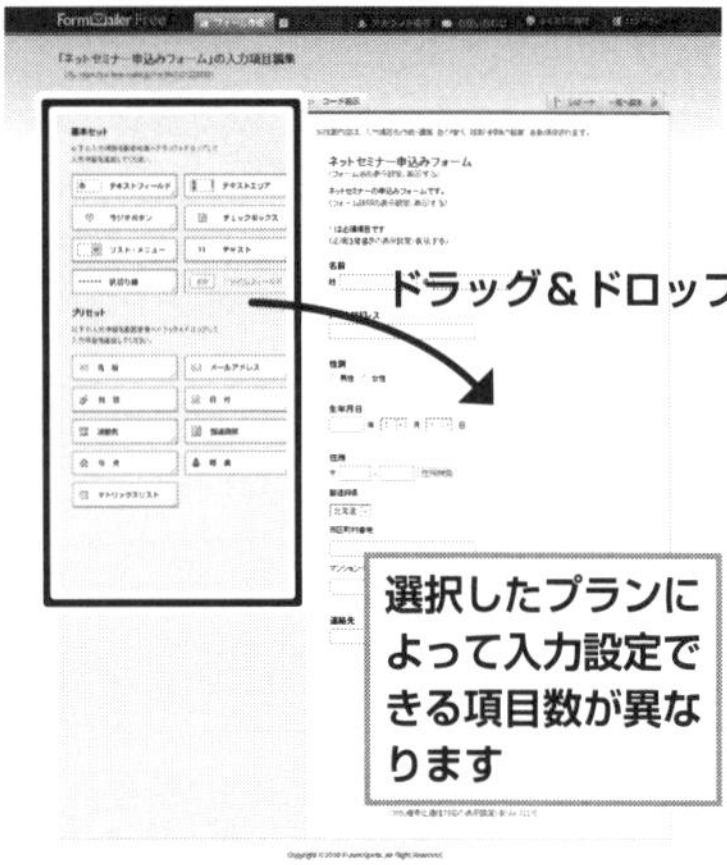

必要に応じてドラッグ＆ドロップで入力要素を追加

STEP 9

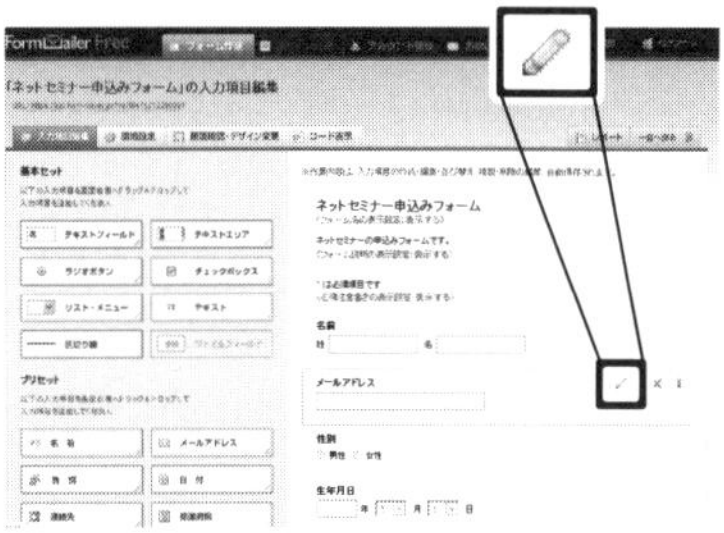

メールアドレス欄の鉛筆アイコンをクリック

STEP 10

すべてのチェックマークにチェックを入れ“設定を保存する”をクリック

STEP 11

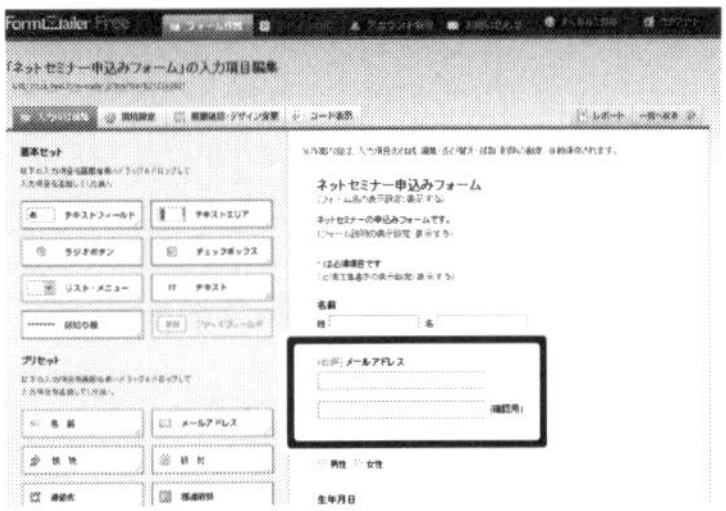

メールアドレスが必須項目となり確認用入力欄が表示されることを確認

STEP 12

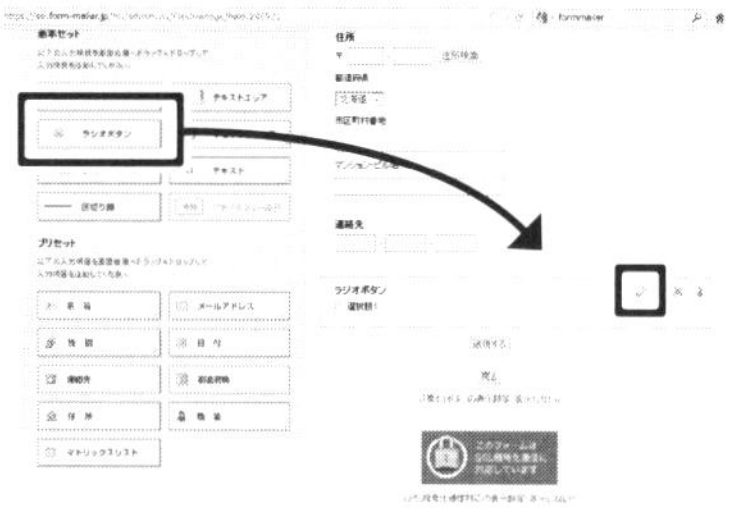

ラジオボタンをドラッグ＆ドロップし鉛筆アイコンをクリック

STEP 13

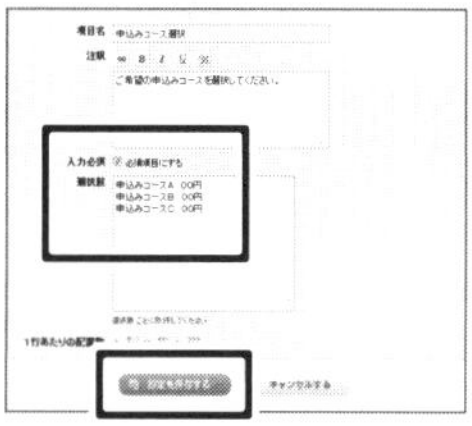

コースが複数ある場合、選択肢にコースを複数行で入力

STEP 14

“環境設定”より公開設定を行ない“設定を保存する”をクリック

次は自動返信設定を
行ないます

フォームメーラーによる自動返信設定の仕方

実践！

STEP 1

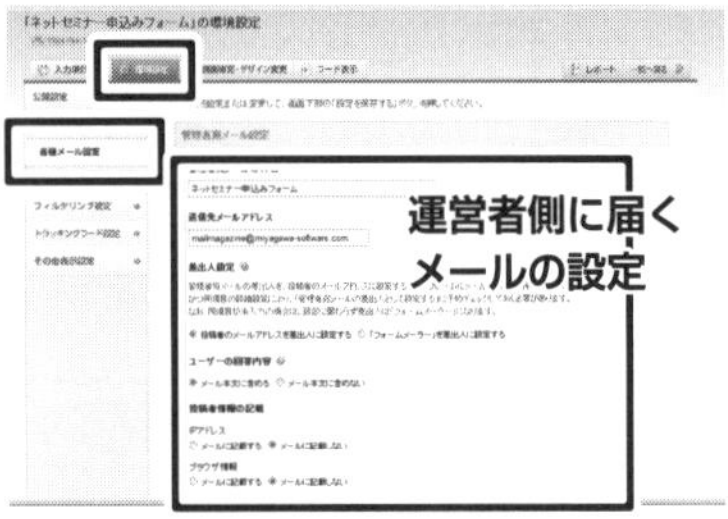

“環境設定”より“各種メール設定”を選択し、運営者宛メール設定を行なう

STEP 2

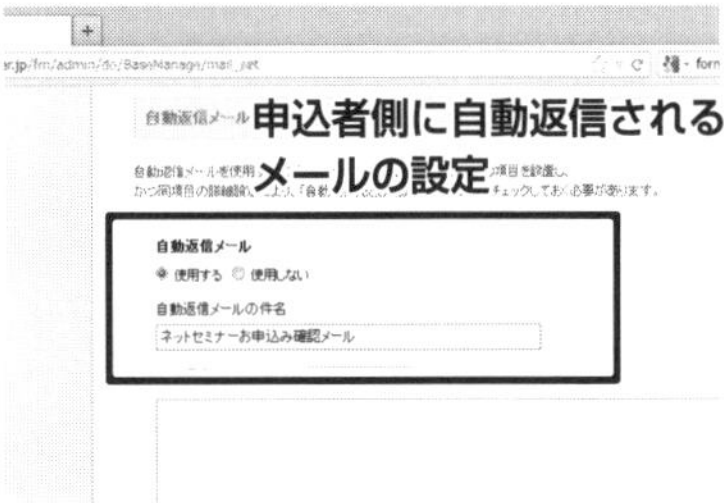

画面をスクロールさせ自動返信メール設定を行なう

STEP 3

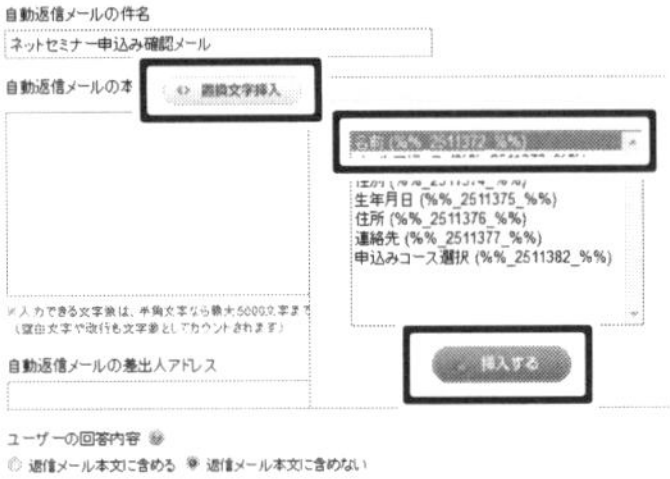

“置換文字挿入”をクリックし“名前”を選択後、“挿入する”をクリック

STEP 4

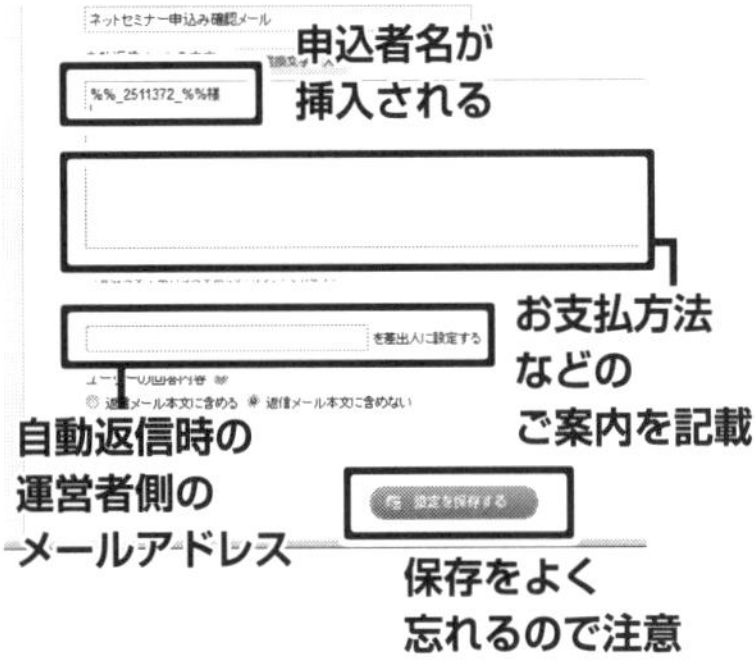

自動返信メールに入力に応じ、申込者の名前を挿入できるようになる

STEP 7

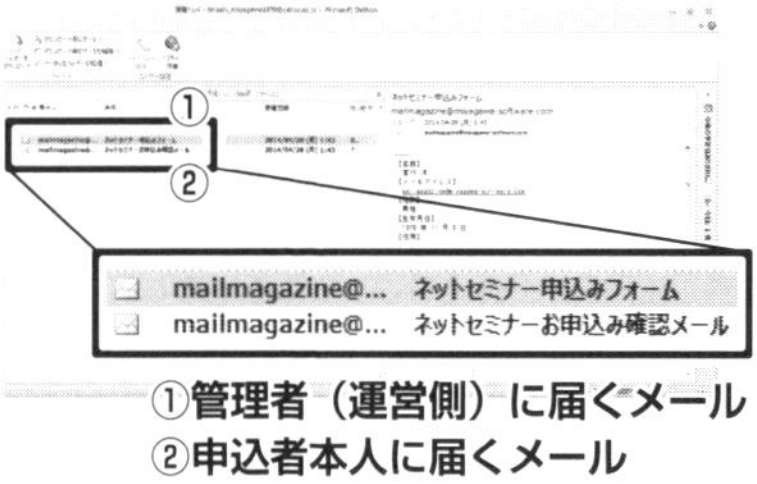

運営者側のメール、申込者確認の受信メールの確認

STEP 5

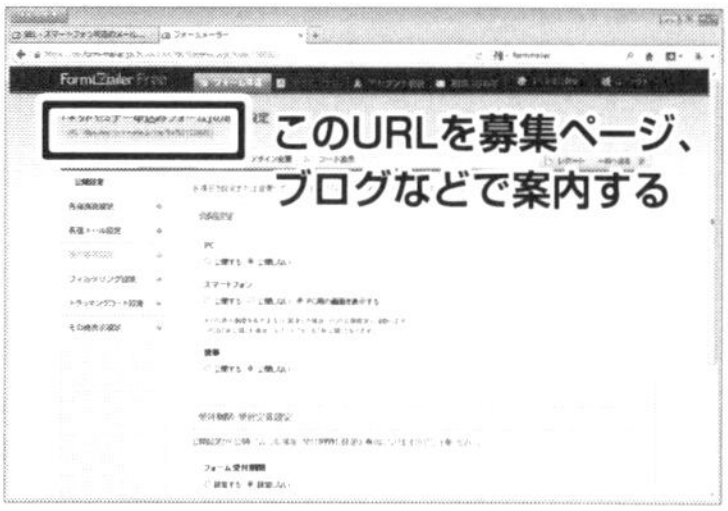

フォームが入力できるかどうかリンクをクリックし確認

STEP 6

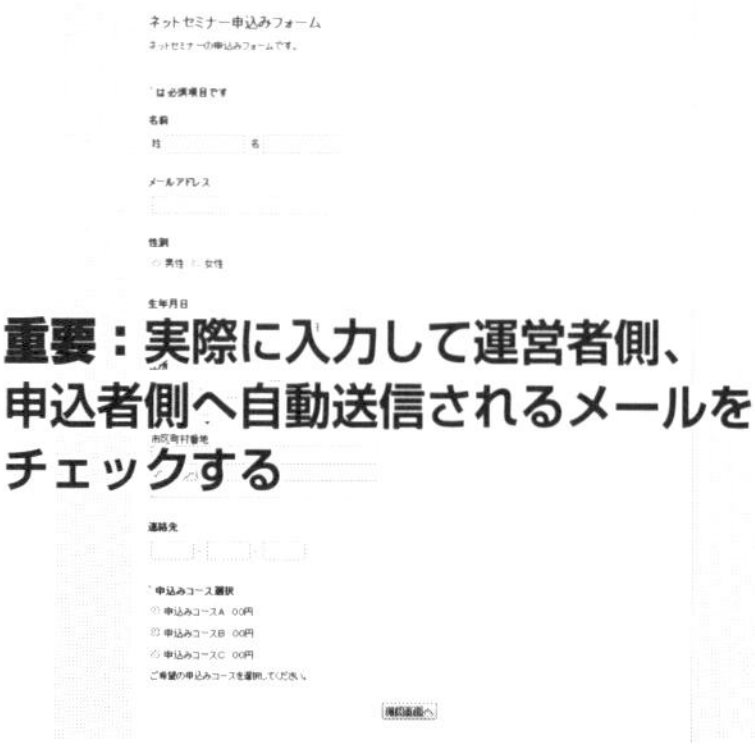

フォームの入力項目の過不足、必須事項の設定などを実際に入力してチェック

ステップ3　課金を行なう

受講料のお支払の仕組みを構築します。まだカード決済の導入をしていない場合には、Paypal（ペイパル）によるカード決済がおすすめです。

Paypalのカード決済には

- 月額定額決済が可能
- 基本利用料がかからない
- 毎回の利用料（率）が安い
- すぐに引き出せる
- 個人事業主でもアカウント開設可能

といった利点があります。

Paypalは世界最大級のオークションサイトeBay（イーベイ）でも利用されていて、世界193ヶ国で提供されている、海外では一般的な決済方法です。ただ、日本人にとっては少しわかりにくい手続きである印象は否めません。「申込みの方から問合わせがくるもの」と想定して、Paypalの決済の流れを理解しておく必要があります。

銀行口座の振込を希望される方もいらっしゃいます。銀行振込をお支払方法に含める場合は

- 毎月のお支払案内
- 毎月のお振込確認

が必要です。

また、お支払が遅れた時に受講を一時停止するのか、ある程度期間が経った時点で退会をしていただくのか、などの取り決めが必要です。

お支払方法がカード一本になると、非常にシンプルな課金体系となりますが、多くの支払方法を準備したほうがいいのも事実です。このほか、コンビニ決済や年間一括払いなどいろいろな方法がありますが、課金体系は十分練り上げた上で案内しましょう。

ステップ4　メールで受講案内をする

ネットセミナーの受講案内はメールによって行ないます。メールの配信は、ネットセミナーの提供方法によって、メルマガによる配信とステップメールによる配信の大きく2つに分かれます。

メルマガによる配信

毎週、毎月など定期的に会員向けにメルマガを配信し、その中でネットセミナーを案内します。旬の情報を伝えることができる一方で、メルマガ配信では一括配信となるため、入会1ヶ月目の人と3ヶ月目の人で同じ内容となるため、レベル分けをした内容を配信することはできません。会員として囲い込む必要がなければ無料メルマガの大手配信システム（まぐまぐ！やメルマ！など）から案内する方法もあります。

▶ステップメールによる配信

入会1ヶ月目にはこの動画を案内して、3ヶ月目にはこの動画を案内して、と登録してくれた時期によって配信内容を変える作業を手でやっていたら、たとえ会員数が10人だとしても、たちまちお手上げになってしまいます。入会時期がばらばらな場合、ステップメールというサービスを使うことで、1ヶ月目の人には1通目、3ヶ月目の人には4通目と順序立ててメールの配信ができます。一定の期間に学んでもらうネットセミナーを企画する場合、ステップメールの導入は必須です。

この2つの方法は二者択一というわけではなく、ある時は旬の情報をメルマガによって配信し、順番に伝えたい内容はステップメールで配信するなど組み合わせるとよいでしょう。ステップメールを使うなら、配信の到達率（メールがお客様にきちんと届く率）も考え、月5000円程度から利用できる有料のものを利用することをおすすめします。私がネットセミナーで利用しているのは株式会社ビズクリエイトのオートビズです。ステップメールとメルマガの両機能が利用できて重宝しています。電話で問合わせができるなど、サポート体制も充実している点、機能が豊富な点が特徴です。

オートビズによるステップメール配信例

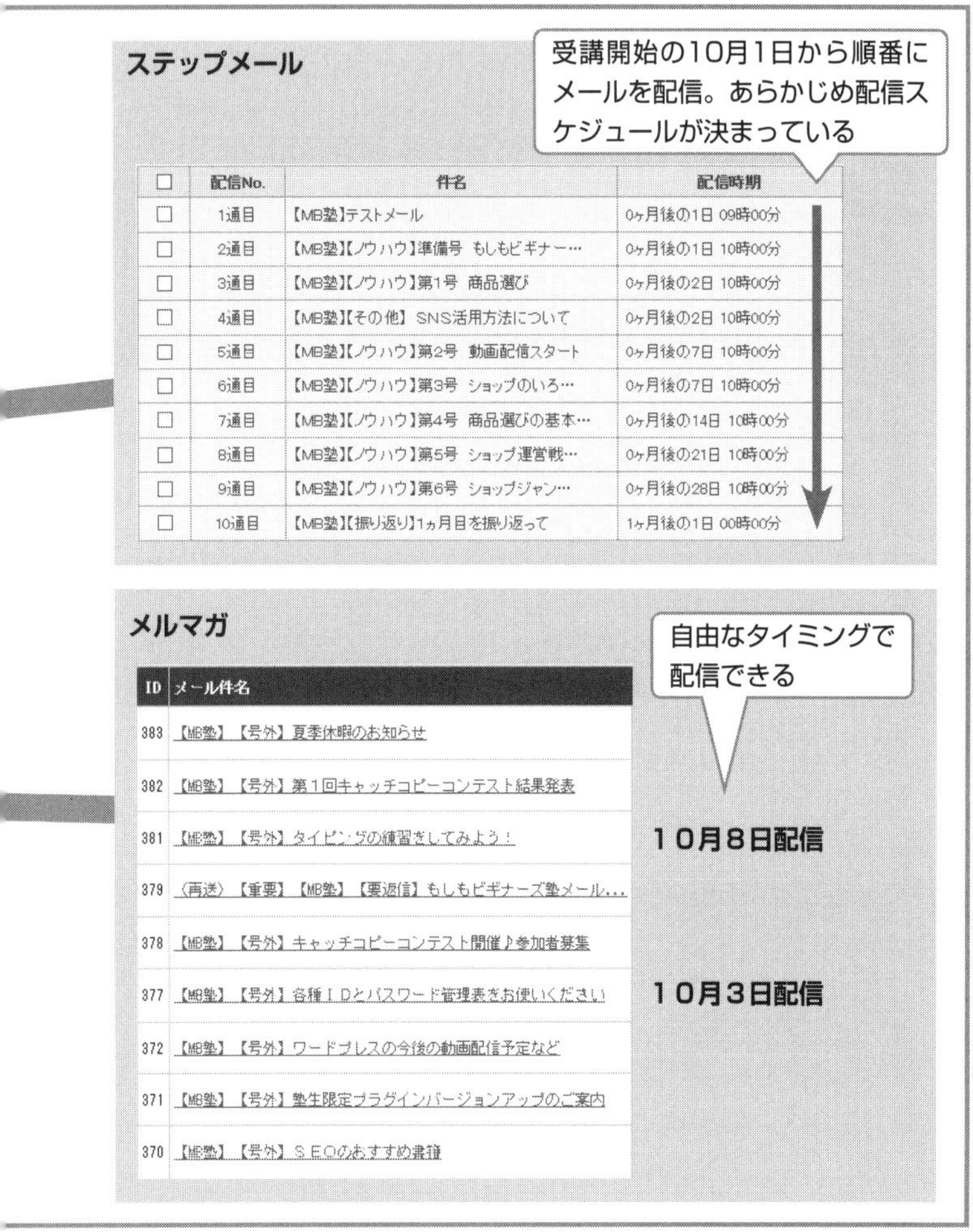

ステップメール

受講開始の10月1日から順番にメールを配信。あらかじめ配信スケジュールが決まっている

□	配信No.	件名	配信時期
□	1通目	【MB塾】テストメール	0ヶ月後の1日 09時00分
□	2通目	【MB塾】【ノウハウ】準備号 もしもビギナー…	0ヶ月後の1日 10時00分
□	3通目	【MB塾】【ノウハウ】第1号 商品選び	0ヶ月後の2日 10時00分
□	4通目	【MB塾】【その他】 SNS活用方法について	0ヶ月後の2日 10時00分
□	5通目	【MB塾】【ノウハウ】第2号 動画配信スタート	0ヶ月後の7日 10時00分
□	6通目	【MB塾】【ノウハウ】第3号 ショップのいろ…	0ヶ月後の7日 10時00分
□	7通目	【MB塾】【ノウハウ】第4号 商品選びの基本…	0ヶ月後の14日 10時00分
□	8通目	【MB塾】【ノウハウ】第5号 ショップ運営戦…	0ヶ月後の21日 10時00分
□	9通目	【MB塾】【ノウハウ】第6号 ショップジャン…	0ヶ月後の28日 10時00分
□	10通目	【MB塾】【振り返り】1ヵ月目を振り返って	1ヶ月後の1日 00時00分

メルマガ

自由なタイミングで配信できる

ID	メール件名
383	【MB塾】【号外】夏季休暇のお知らせ
382	【MB塾】【号外】第１回キャッチコピーコンテスト結果発表
381	【MB塾】【号外】タイピングの練習をしてみよう！
379	（再送）【重要】【MB塾】【要返信】もしもビギナーズ塾メール...
378	【MB塾】【号外】キャッチコピーコンテスト開催♪参加者募集
377	【MB塾】【号外】各種ＩＤとパスワード管理表をお使いください
372	【MB塾】【号外】ワードプレスの今後の動画配信予定など
371	【MB塾】【号外】塾生限定プラグインバージョンアップのご案内
370	【MB塾】【号外】ＳＥＯのおすすめ書籍

10月8日配信

10月3日配信

10月1日スタートの受講者にはこんな順番でメールが届きます

日付▼	メール	メール種別
10月1日	【MB塾】テストメール	ステップ1通目
10月1日	【MB塾】【ノウハウ】準備号	ステップ2通目
10月2日	【MB塾】【ノウハウ】第1号　商品選び	ステップ3通目
10月2日	【MB塾】【その他】 SNS活用方法について	ステップ4通目
10月3日	【MB塾】【号外】各種IDとパスワード管理表をお使いください	メルマガ
10月7日	【MB塾】【ノウハウ】第2号　動画配信スタート	ステップ5通目
10月8日	【MB塾】【号外】タイピングの練習をしてみよう!	メルマガ

ステップメールだけでは、あらかじめ配信スケジュールが決まっているため単調になりがちですが、ステップメールに加えてメルマガでその時々の情報を送付することによって、受講者の方へより柔軟なサポートができます。

ステップ5　動画再生方法の案内をする

ここでようやく、ネットセミナーの動画再生方法の案内にたどり着きました。メールで動画再生を案内するには以下の方法があります。

▶メールに動画URLを直接貼りつける

メールに直接、動画再生URLを貼りつけて、受講者にクリックしてもらって動画を見てもらう方法です。メールで完結するのでわかりやすい反面、メールごとに動画URLが埋もれてしまうので、後から「どのメールに何の動画があったのか」を探すのが大変、という一面も持っています。

その場ですぐ見てもらえるため、
● 単発の受講案内をしたい

●旬の情報を伝えたい
●定期的にあいさつ動画を配信したい
などの「1回限りの動画視聴を案内する場合」に向いています。動画URLがあれば案内ができるため、はじめてネットセミナーを行なう方にはこの方法をおすすめします。

▶メールから動画まとめサイトに誘導する

メールから動画をまとめているホームページ（サイト）に飛んでもらい、そこで動画を視聴してもらう方法です。前後の動画などを並べて置いておけば、会員の方は自由に動画を見て歩くことができます。動画をまとめて見せてしまう分、月額の受講料の中でどこまで見せるのか、すべてを公開しておくのかなど、動画の公開範囲について方針を決める必要があります。

●一連の動画をまとめておきたい
●時間がある時に一気に見てもらいたい
などの場合に向いています。

ステップ6 会員を管理する

会員情報は個人情報になりますので、細心の注意を払って管理にあたりましょう。エクセルなどの表計算ソフトで管理は十分です。申込み時の情報に加えて、受講状況、お支払方法・申し送り事項などの情報をまとめて管理しておきます。

万が一の時に備えて、バックアップ（ファイルのコピー）を必ず取っておきましょう。

▶会員リストは常に最新にする

会員数が増えていくと、会員情報のメンテナンスだけでひと仕事です。「今、会員は何人？」「今月は何人入会し、何人退会したのか？」など必要な経営情報がすぐに取得できるように、常に最新の状態を保つよう心掛けましょう。

4月は○人、5月は○人などというように会員数の推移も別途記録しておくと、募集内容や募集時期による傾向分析、今後のサービスを考える上で役に立ちます。

管理しておきたい会員情報

- □ 申込み時情報
- □ 受講開始日／受講終了日
- □ 決済種別（カード・銀行振込など）
- □ 学習状況
- □ 受講料支払状況
- □ 申し送り事項

▶退会時の管理に気をつける

「退会した後も課金される」「退会手続きをしたのにメールがまだ届く」などの運営不備はできるだけ避けたいところです。すぐにやめる、というケースなら簡単ですが、10月に「年末でやめます」と言われることもあります。

この場合、実際のカード課金は何月で止めればいいのか、などを考慮しておく必要があります。

頭の中の管理だけでは追いつきませんから、会員管理の表に記入欄を設けてしっかり退会時の管理をしていきましょう。

ステップ7　資料を配布する

必ずしも必要ありませんが、ネットセミナーを受講してもらう際に、セミナー内で説明している資料を配布するケースがあります。配布方法についていくつかご紹介します。

メールで一斉配布

会員のメールアドレス宛に、受講用資料のＰＤＦファイルを送信する方法です。エクセル、ワードなどのファイルで配布する方法もありますが、受講者がそのファイルを開くためのソフトを持っているとは限らない点に注意しましょう。

ＰＤＦファイルをインターネットで見てもらう、ダウンロードしてもらう

レンタルサーバーを借りて会員用ホームページを運営し、そのホームページにＰＤＦファイルを配置（アップロード）しておきます。ファイルの置き場所（ＵＲＬ）をメールに貼

りつければ、そこからＰＤＦファイルを見ることもできますし、受講者がファイルを保存することもできます。

▶ファイル共有サービスで共有する

Dropbox（ドロップボックス）やGoogleDrive（グーグルドライブ）などのサービスを利用してファイルを共有する方法です。途中退会した会員には資料を見せたくない場合には、共有設定の管理に注意が必要です。入退会が多い場合は共有設定をこまめに変える必要があるため、おすすめできません。

▶郵送する

受講者の方が「ＰＤＦファイルのダウンロード」の操作をできない場合があります。その場合は資料の郵送配布をするのも一案です。手元に資料があることで満足度を上げる効果もあります。

ステップ8　問合わせのサポートをする

受講者の方が抱いた疑問をすぐに解決することは、学習効果を上げ、継続していただくための重要な対策のひとつです。一方で問合わせが殺到してしまうと、サポートに追われて肝心のネットセミナーの運営に負荷がかかります。受講費用、サポート人員などとの兼ね合いで受講者満足度とサポートのバランスをうまく取りたいところです。受講者サポートには複数の方法があります。

▶メールによるサポート

問合わせ先へのメールや、メルマガによる受講案内に対しての返信で質問を受けつける方法です。受講者には「最も問合わせがしやすい」と感じてもらえる方法ですが、同様の問合わせに対してその都度対応することとなり、やり取りが煩雑になる可能性もあります。

▶フォームによるサポート

フォームメーラーなどを使って問合わせフォームを作る方法です。適切な項目を設け、問合わせの種類を特定することで、メールで自由に書かれるよりも質問が類型化できるため、サポート時間が短縮できます。

▶Q&Aサイトによるサポート

会員専用のSNSなどの中で質問をしてもらう方法です。他の会員にも質問が見えるようにしておけば、同様の疑問が解消され、重複した質問を減らすことができます。似たような質問は以前の質疑応答を引用して「こちらで同じ質問が上がっていますよ」と回答を省略することもできます。

一方で、他の人から見られるのであれば質問はしない、という方もいます。特に初心者の方にこの傾向が強くみられるため、注意しましょう。「質問がこないので楽だ」と思われるかもしれませんが、疑問を解決できないと不満が募ったり、学習の壁を越えられずに退会してしまう可能性もあります。

ステップ9　退会処理をする

退会は、受講案内で伝えた方法に基づいて手続きをしてもらう必要があります。以下の点に留意してください。

事前にお支払いただいた受講料の取り扱いについて

受講案内時に退会について案内しているものの、大多数の方は、入会時に退会のことを考えていないので、退会する段階になってはじめて退会の規約を知る、ということもあります。「申込み時の受講案内で申し上げた通り……」と紋切型の主張をしても、会員の方の不満と平行線をたどる場合があります。一括して納めていただいた受講料の取り扱いは、取り決めた方法で処理すればいいのですが、できれば受講意思のない方には受講料を返金して差し上げてみてはどうか、というのが私の個人的意見です。

退会理由を聞いてみよう

差支えがないようであれば、退会理由を聞いてみましょう。退会申請フォームを作って聞く方法もありますし、メールで問合わせてもよいかと思います。特に聞いておきたいのが「期待と実体のずれ」です。期待値が大きすぎた場合には、募集案内などで誇大広告的に感じられるところはないかを見直します。不満があった場合には、改善のテーマとして今後の運営に反映させましょう。

退会は月末まとめて行なうのがおすすめ

受講料を定期的にいただいている場合、月末退会としてまとめて退会処理を行なうほうが、対応漏れが少なくなります。退会処理に漏れがあり、動画が配信し続けられていても、退会申請を行なった元受講者の方から連絡が入ることは、まずありません。受講料をお支払いいただいている方に向けてネットセミナーを配信しているわけですから、退会された方の動画配信については退会時点できちんと止めるよう管理する必要があります。

準備完了！　受講の流れをリハーサルしてみよう

さて、ネットセミナー受講のための準備が整いました。

この段階で重要なのが、一度、本番さながらに受講の流れをリハーサルすることです。「準備の段階で何度も見直しているので大丈夫だろう」と慢心せずに、しっかり確認しましょう。

▶必ず一度は通しでリハーサルを

運営するための各ステップについては、必ず一度はひと通りリハーサルしてみましょう。あなたにとっては何度も練り直してわかりきったはずのステップでも、受講者の方にとっては、右も左もわからずはじめての状態からのスタートとなります。はじめてその情報を見た時に受講者の方が迷う点、わかりづらい点がないか、案内する情報が間違っていないか、よく確認しましょう。

メールの文中に埋め込んだURLはすべてクリックして、リンク先が正しく表示されるかどうか、動画は再生できるのかどうか、確認してください。

▶第三者の目で見てもらうのが一番

もし可能であれば、あなた以外の誰かに受講者として各ステップを体験してもらいましょう。そこで出た意見をサービスにフィードバックしていきます。

あなたの説明を聞きながら体験してもらうと、本番の運用と異なってしまいますので、あくまで忍耐強く、受講時に実際に案内する情報だけを協力者の方に提供して、反応を観察してみましょう。

ひとつ、私の失敗談をお伝えします。Paypalのカード決済の手続き先のURLを間違えたため、カード手続をしていただいた方全員に、お支払手続きを1回キャンセルして、もう一度やり直してもらったことがありました。カード決済の手続きを入会時点で2回やってもらう、という大失態をしでかしたわけです。リハーサルを行ない、決済のURL先と金額をきちんと確認しておけば防げたミスです。

ブログ、メルマガからの集客

受講者の集客方法についてはさまざまです。既存のお客様をお持ちの場合、その方たち向けに動画配信をしていけばよいのですが、新しく立ち上げた動画配信サービスであれば、どこから集客をするか、は大きな問題です。

▶会員サービスを拡張する場合

すでに会員組織を運営している場合は、その会員の方向けに動画を配信していきます。普段からメルマガを発行しているのであれば、そこに付加価値として動画を置くだけですので配信をはじめるのは簡単です。会員限定のホームページ（サイト）を運営している場合、ホームページに動画を置く方法もあります。

一般的な集客の流れ

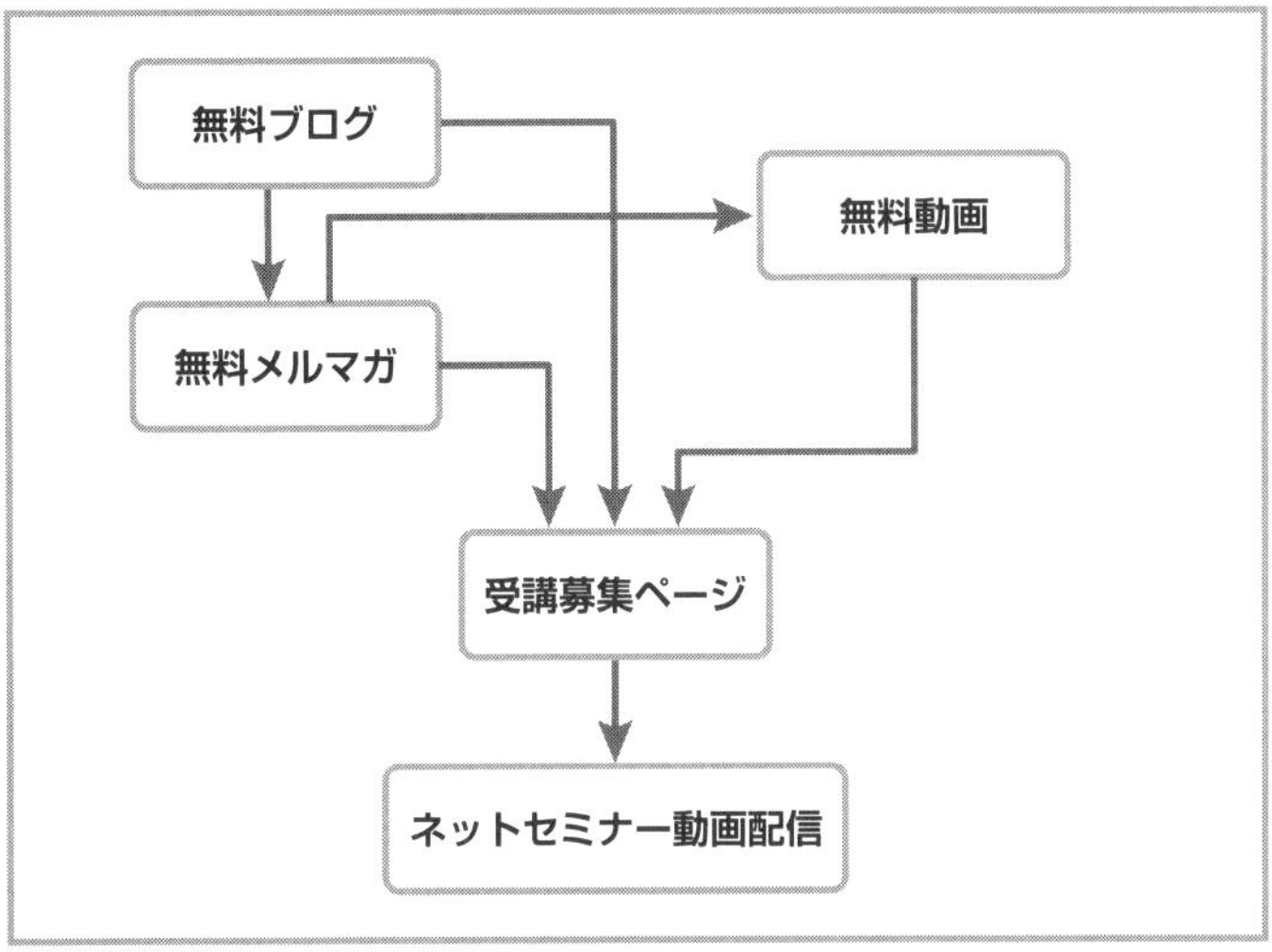

新規立ち上げの場合

新規立ち上げの場合は、集客方法を入念に検討する必要があります。集客のための動画は無料で公開し、そこから募集ページへ誘導する方法などがあります。一般的な集客の流れは図のようなものです。いろいろな導線が考えられますので、この図をひとつの参考にしてください。

リアルセミナーと絡めての集客

ネットセミナーの動画配信に一番興味を持っていただけるのが、同じ学習内容のセミナーや勉強会に参加している方々です。有料セミナーの場合、セミナーに集まっているのは、無料のブログやメルマガを見ている方と異なり、「お金を払ってでもノウハウを身につけたい」と考えている方々です。その方々によりよいサービスとしてネットセミナーを紹介しましょう。興味を持ってくれる方が少なからずいるはずです。

▶リアルセミナーの延長として紹介をする

1日のセミナーではどうしても時間が限られるので、提供できる学習内容も限定的になってしまいます。質問しようにも時間が限られていたり、他の参加者の方の前で質問するのをためらう方もいらっしゃいます。セミナーの延長でさらに学習したい方のためにネットセミナーがあることを紹介します。

▶リアルセミナーで動画の一部を見せる

セミナーでは通常パワーポイントの資料などを使って話をしていきますが、動画の配信を一部見せて解説していくことで、間接的にネットセミナーをアピールする方法もあります。特に初心者の方向けにわかりやすく作られた動画を見ていただくことで、「面白そう」「便利だな」の印象を持っていただけると、申込みのハードルを低くすることができます。

私の場合、全国でセミナーを行なっていて、そこからの集客も行なっていますが、セミナーでは内容に熱中して時間をめいっぱい使ってしまい、ネットセミナーについてあまり紹介できていないのが日頃の反省点です。このような場合に備えて、ネットセミナーを紹介するパンフレットを作成しておいて、セミナー参加者に配布することをおすすめします。

受講案内メールの例

○○○○様

この度は、「もしもビギナーズ塾」に
お申込いただきまして、誠にありがとうございます。

■お申込み内容

- -

◎お申込み
「もしもビギナーズ塾」

- -

◎受講期間
10月４日～１ヶ月単位（毎月自動更新）

◎受講方法（重要）
受講料金決済済みの方に
10月４日に受講方法についてメールを差し上げます。
そちらの案内に従って受講を進めてください。

◎受講料金・お支払方法

９月26日（金）までのお支払いをお願いいたします。
お忙しい所恐れ入りますが、期日中のお手続きにご協力お願いいたします。

■クレジットカード決済の方
１ヶ月6,800円（毎月自動決済）
※１年以上継続の方は毎月3,000円となります。

下記ＵＲＬより１週間以内にPaypal決済を行なってください。
http://www.moshimobj.com/apply/kessai_a9.html
（Paypalは世界190ヶ国、21通貨、過去１年間に9,000万人が利用する
簡単、安全なカード決済サービスです。）

■お振込の場合
３ヶ月分（6,800×３=20,400円）でのお支払となります。
途中退塾の場合、残りの分はご返金させていただきますので、ご安心ください。
※１年以上継続の方は毎月3,000円となります。

＊＊＊銀行
支店　＊＊＊支店
普通預金　口座番号　＊＊＊＊

5
章

ネットセミナー
撮影編

最低限これだけの機材を揃えよう

では、ネットセミナーの撮影をはじめましょう。撮影機材を準備します。機材も凝りだすとキリがありませんので、ビジネス要件を満たす最低限の準備からスタートしましょう。

ビデオカメラ

ネットセミナーを撮るだけなら、市販の家庭用ビデオカメラで十分です。お子さんがいらっしゃる方は、ご家庭に1台はビデオカメラがあると思いますので、そちらを流用しましょう。高画質で記録できるものは映像がとてもきれいですが、ファイル容量も大きいので、そのままの画質でインターネットに配信できるわけではありません。ですから、それなりに撮れるものであれば十分です。

また、動画撮影モードがついているデジタルカメラで代用する手もあります。

ビデオカメラをお持ちでない場合、家電量販店に行って店員さんに「YouTubeで動画を公開したい」と要望を伝えれば、ネットセミナーに最適なものをすすめてくれるでしょう。

三脚

撮影時に、誰かにずっとカメラを持っていてもらうわけにもいきませんので、三脚に固定して流し撮りをします。2~3000円も出せば撮影に耐えるものが購入できると思います。

あれば便利なものとして、ビデオカメラのリモコン、外部マイクが挙げられます。一人で撮影して、一時停止をして、とやっていると、それなりに時間が取られます。リモコンが別売されているのであれば、一人で撮影する時に便利なので購入を検討してみましょう。

また、音声がはっきりしていると受講満足度も上がります。これからカメラを購入するのであれば、あらかじめ外部マイク向け端子がついているカメラがおすすめです。

必須のものはビデオカメラと三脚だけです。機材を揃えたらさっそく撮影に向かいましょう。

撮影場所について

機材が揃ったら、次は撮影場所を確保しましょう。撮影は会議室などを借りて行ないます。事務所などにある程度スペースがある場合、そこで撮影をしてもOKです。

▶公共施設

公共施設は、料金を徴収してセミナーを行なうといった商用利用でなければ、非常に安価に借りることができますので、利用しない手はありません。ただし、利用料が安いだけに大変人気が高いのが難点です。「配信直前なのに撮影場所がない」と焦らないように、スケジュールをしっかり組んで早めに予約をしましょう。最初のうちは予定通り撮影が進まないこともありますから、予備日を含め、余裕をもった日程で会議室を押さえましょう。

比較的空きがあるのは、駅から離れた交通の便が悪い公共施設です。仕事場や自宅に近い会議室が望ましいですが、見つからない場合には、居住や就業などをしていない方でも借りることができる施設（多少料金が異なります）もあるので、公共機関のホームページを検索してみたり、問合わせをしてみましょう。

私の場合、まとめて収録する時は撮り直しを想定して、日を空けて2回、会議室を予約しています。

民間の会議室

公共の会議室に比べて金額が高めですが、空いている場所も多いため、今すぐ利用したい、という場合に便利です。

屋外

家庭菜園、アウトドアに関することなど、屋外の内容をネットセミナーとして撮影したい場合もあるかと思います。この場合は音声が適切に拾えるのか、光の具合がどうか、などを踏まえて撮影場所を決定しましょう。

市販のカメラでは音を広域に拾ってしまう可能性もあるため、撮影場所によっては話し声が聞き取りづらくなります。指向性の高いマイクを購入したり、アフレコでの音声収録（音声のみ後から別途録音）を視野に入れましょう。

一人で撮影する時の工夫

通常の動画撮影の場合、アシスタントやパートナーの方にカメラアングルやフォーカスなどを調整してもらいながら動画の撮影を進めますが、個人でネットセミナーを運営したい、という場合には個人でも動画作成は可能です。一人で撮影する際に気をつけたいことについてお伝えします。

▶リハーサル撮りを確認する

特に気をつけたいのが「顔の大きさ、ホワイトボードとのバランス」です。一所懸命に話すうちに、最初に決めた撮影範囲から外れてしまうと、撮り直しをしなければなりません。どこまでが撮影範囲なのか、文字をどのくらいの大きさで書いたら読み取れるのかなど、ある程度動きを入れながらリハーサル撮りをして確認しておきましょう。

▶オートフォーカスが合うまでしばらく待つ

一人で撮影する場合、自分で録画スタートボタンを押して、ホワイトボードの前に立って話しはじめる、という流れになります。ホワイトボードにフォーカスが合っていたところに突然人が入るので、オートフォーカスでピントが合うまでに少し時間がかかります。定位置に立ってから5秒くらい時間を置いて話し出すようにしましょう。

▶多少間違えても気にせず話す

動画を収録する際、最初のうちは、一字一句間違えないように、セリフを噛まないようにと、完璧なセミナーをめざすあまり、収録を何回もやり直しがちです。こだわりだすと、いくら時間があっても足りなくなるので、多少の間違いがあっても気にせずに話し続けるようにしましょう。編集で間違った部分を削除することもできます。

▶後ろに十分な余白を取る

話し終わると、「撮影が終わった」と気が抜けがちですが、すぐに場所を離れてしまうと、編集の時に必要な余白がなくなってしまいます。話が終わった後も5秒程度、同じ姿勢を保ってからビデオを停止するようにしましょう。

撮影時の服装の注意点

撮影時には服装にも気を配る必要があります。特に何を着るべき、という決まりはありませんが、清潔感のある服装を心掛けましょう。

▶季節感のある、なしを考える

季節折々の旬ネタを伝える動画であれば、夏には夏の、冬には冬の服装がよいでしょう。一方で、通年配信をするネットセミナーでは、1月に撮影したものを8月に見る場合もあります。通年視聴のネットセミナーを撮影する場合は、あまり季節感が目立たないものを着るのが無難です。

▶縞の細かい服は避ける

動画を撮影してみるとわかりますが、縦縞、横縞の細かい服を着ていると、その部分が再生時にハレーションを起こして見づらくなります。収録時に着る服装で1回リハーサル撮影をして、服装が適切に再生されるかを確認しましょう。ビデオカメラの画面では小さくてわからなかったりしますので、気をつけてください。

続きものを撮る時は同じ服装で

時間の都合上、2つの動画を編集でつなぐ場合があります。同じテーマのセミナーを撮影する際には同じ服装で臨むようにしましょう。

そのほかの身だしなみ

ネットセミナーに限ったことではありませんが、基本的な身だしなみには気を遣いましょう。シャツを腕まくりして話をするのであれば、左右の腕まくりの仕方の違いが後から気になったりもします。

また、パンツから片側だけはみ出たシャツなどもだらしない印象を持たれかねません。セミナーの内容にふさわしい服装で撮影に臨みましょう。

6
章

ネットセミナー
編 集 編

編集次第で動画は変わる

セミナーの撮影が終わったら、編集に入りましょう。編集次第でネットセミナーの満足度は大きく変わってきます。動画を撮った後の編集が本番と言っても過言ではありません。

▶平坦な画像を防ぐ

あなたが映画やドラマを観ていると想像してみてください。一人の人間がずっと話をしているものをただひたすら見続けて、面白いでしょうか？

セミナーも同様です。編集ソフトで映像を拡大・縮小するなどして、メリハリのついた動画に演出しましょう。一人で撮る場合には、話す位置を少し変えてみたり、ジェスチャーをつけることで単調さを防ぐことができます。

カットしてつなげる

ネットセミナー用に撮った動画は、簡単にカットしてつなげることができます。視聴者である会員は、リズム感のあるわかりやすいセミナーを期待しています。自分で動画を見返してみて、「冗長な部分があるな」と思ったら、不要な部分はカットしましょう。

リアルセミナーを撮影する場合には、話の流れ上、区切りが入れにくいこともあるかもしれません。質問者とのやり取りが長くなってしまったなど、想定外の流れも撮影されている場合は、その部分をカットして講義部分を残し、その他は資料としてまとめてしまいましょう。

最初のうちは最小限に

とはいえ、編集に時間がかかってなかなか動画が配信できないのも考え物です。凝り性の人は、自分のやっている編集作業が趣味なのか、事業なのかを考えながら動画を編集していきましょう。動画の大本のファイルを保存しておけば、後で再編集することもできます。特に最初のうちは、動画を公開するための最小限の修正を心掛けましょう。

満足度の上がる動画とは

会員の方に継続し続けていただくためには、満足度の高いネットセミナーの提供が不可欠です。どういった動画が満足度の高い動画なのでしょうか。

▶「もう終わり？」と思ってもらえる動画

面白くないことは長く、面白いことは短く感じます。

ネットセミナーも、会員の方に興味のある情報を適切な長さで提供できれば、会員の方の満足度も高くなるはず。まずはテクニックなどにこだわらず、会員の方に喜んでもらえそうなことを徹底的に考えて動画に落とし込みましょう。

▶学びがきちんと頭に入る動画

「学びたいことを学ぶことができた」状態は満足度の高い状態です。受講生にこの状態を実感していただくためには、興味を持って学んでもらえる適度なレベル設定と、1回で学ぶ量が溢れてしまわない程度のほどよく整理された学習内容が必要です。

▶適宜キャプションが入っている動画

動画だけを流していると、情報を音声に頼らざるを得ず、集中力を欠いた時に聞き逃したり見逃したりしてしまいます。

話を聞いてもらうだけでなく、特に念を押しておきたいところはキャプションも入れて会員の方に注意を喚起しましょう。

最後のまとめ部分で箇条書きにして今回の動画の振り返りを入れるのもおすすめです。

▶音声がはっきり聞こえる動画

動画の満足度は映像だけで決まるものではありません。音声がはっきり聞こえると満足度は上がります。ネットセミナー収録時の音声には気を遣い、メインの話し声が聞き取りやすいこと、雑音が入っていないことを確認します。

ネットセミナー編集手順

ここでは効率よく学習効果の高い動画を作成する方法について、簡単に流れを説明します。手順については後で詳しく説明するので、まずは概要をつかんでください。

①動画を読み込む

撮影した動画を動画編集ソフトに読み込ませます。

②適当な長さにカットする

不要な部分をカットします。一人で撮影した場合、動画の撮影開始、終了部分が余分な部分となりますので、カットが必要です。

③キャプションを入れる

特に重要なところ、まとめなどにキャプションを入れます。動画の音声だけでなく目で見てわかるので、印象を強く残すことができ、学習効果が高まります。

④タイトルをつける

視聴者に今回の動画の目的を伝えましょう。学習内容を端的にタイトルにして挿入します。

⑤動画を出力する

動画を公開するために、編集した動画を出力します。ネット配信に最適なフォーマットで出力を行ないます。

本書では、①～⑤のそれぞれについて、安価に入手可能な動画編集ソフト、Adobe Premiere Elementsを使った場合について説明します。他のソフトでは多少手順が異なりますが、基本的な流れは一緒です。

動画編集ソフトの選び方

動画の編集は、最初と終わりの余分な部分のカット、タイトルやキャプションを入れるだけの簡単な内容です。ビデオカメラ付属のものが使えればそれでも十分です。お子さんがいる方なら、お子さんのビデオを編集するためのソフトをお持ちの場合も多いと思いますので、そちらで編集をしましょう。

無料ソフトは避けるのが無難

中には無料で使えるソフトもありますが、パソコンに詳しい方でない限り、避けたほうが無難です。動画編集はフォーマット変換、動画へのキャプション挿入などいくつかの機能を含む必要があります。機能ごとにソフトが分けられていたり、事前に動画変換する必要がある場合が多いのが実状です。ソフトの組み合わせ・相性を試したり、ソフトの利用方法を調べたりという時間で、動画がいくつか作れてしまうはずです。

有料ソフトは安価なものでも十分

市販の1万円程度の動画編集ソフトで、ネットセミナー用の動画編集の役割は十分に果たせます。動画編集ソフトをお持ちでない方は、ご自分の周りのお子さんをお持ちの方に、おすすめのソフトを聞いてみてもよいでしょう。

動画編集ソフトは体験版を必ず試す

たいていの市販ソフトには体験版があります。一定期間、利用ができて、操作感などを体験できます。出力される動画に〝試用版〟や〝体験版〟という透かしが入りますが、動画の編集から出力、そして公開作業の一連の流れを経験できます。

ここで特に注意しておきたいのは、パソコンとの相性です。動画のフォーマット変換、出力は非常に処理が重いため、高い性能が要求されます。インストールして編集はできても、出力しようとするとソフトが動かなくなってしまうこともあります。体験版で一連の流れを試して、パソコンの性能に問題がないことを確認しましょう。場合によっては動画編集用のパソコンの購入を検討しましょう。

Premiere Elements 1
不要な部分をカットする

実践！

STEP 1

PremiereElementsを起動する

STEP 2

起動画面より“ビデオエディター”>“新規プロジェクト”を選択

STEP 3

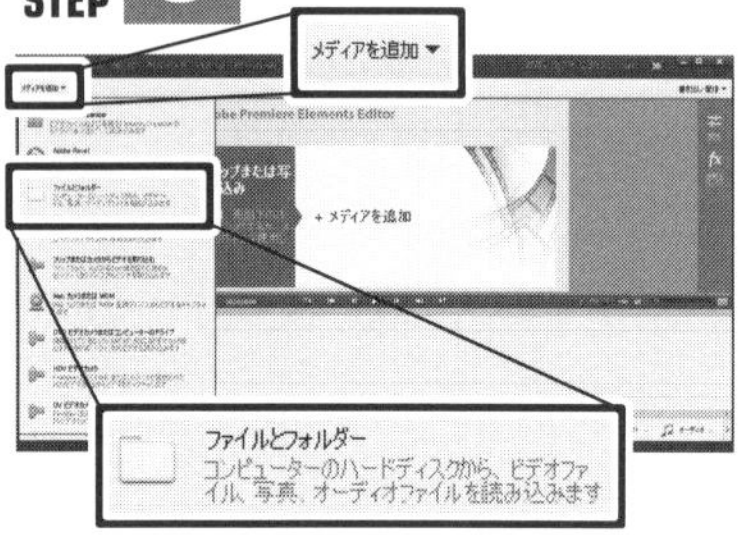

“メディアを追加”>“ファイルとフォルダー”を選択

STEP 4

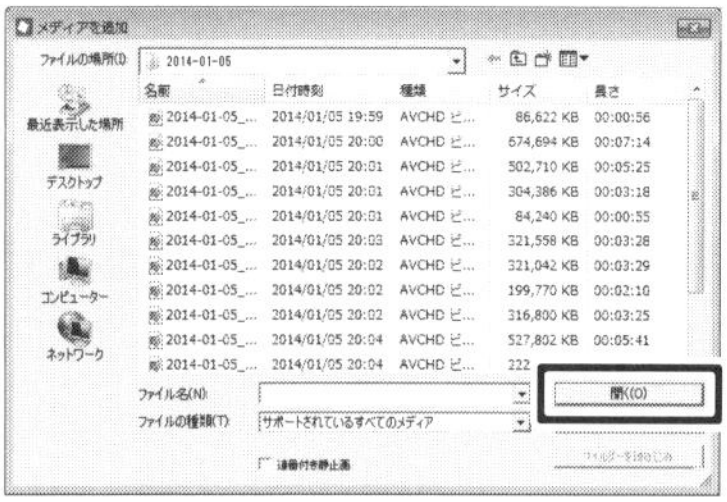

動画ファイルを選択。
（ビデオカメラで撮影した動画はあらかじめパソコンに移しておく）

STEP 5

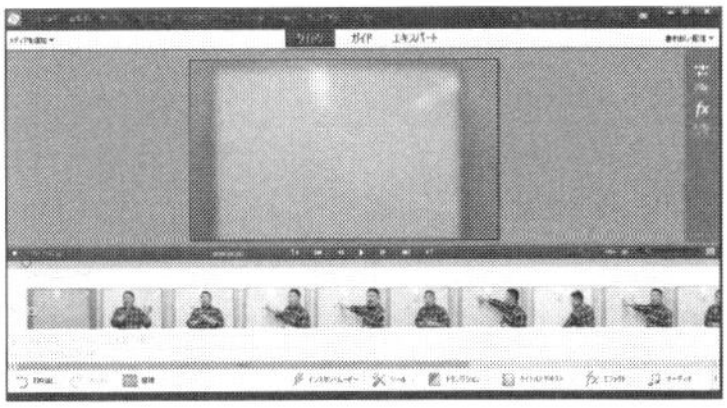

動画が読み込まれる

STEP 6

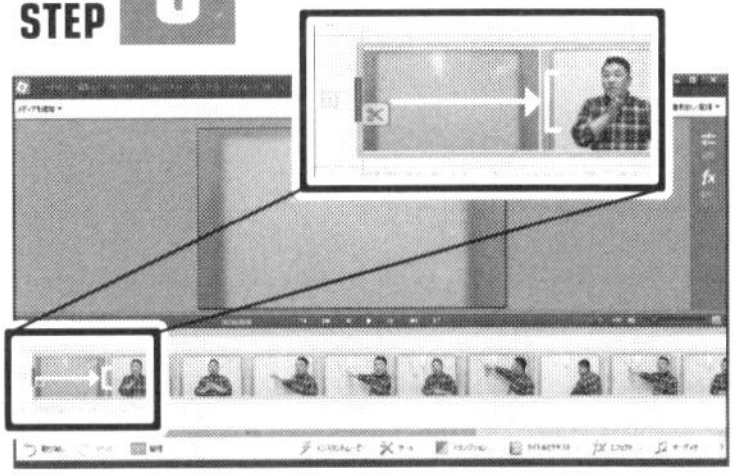

動画の左端（開始部分）をクリックし、スタート部分までドラッグする

STEP 7

開始部分の不要な部分がカットされる

STEP 8

同様に動画の右端（終了部分）をクリックし、終了部分までドラッグする

STEP 9

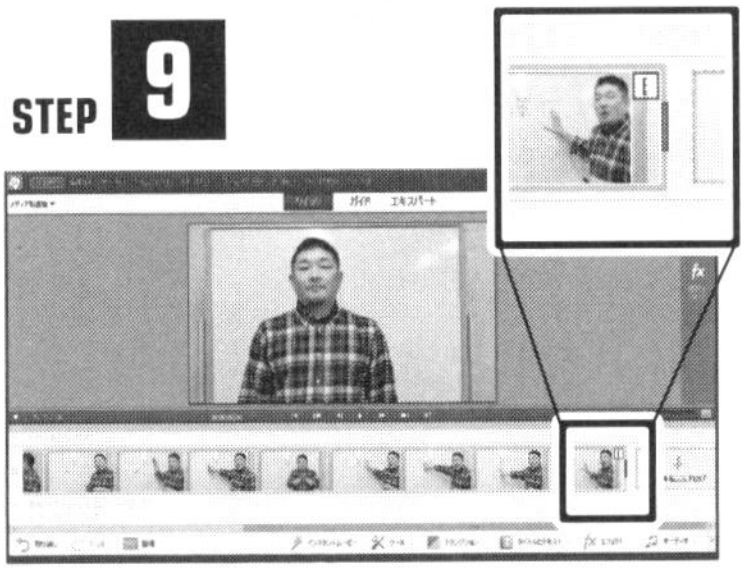

終了部分の不要な部分がカットされる

Premiere Elements 2
キャプションを入れる

実践！

STEP 1

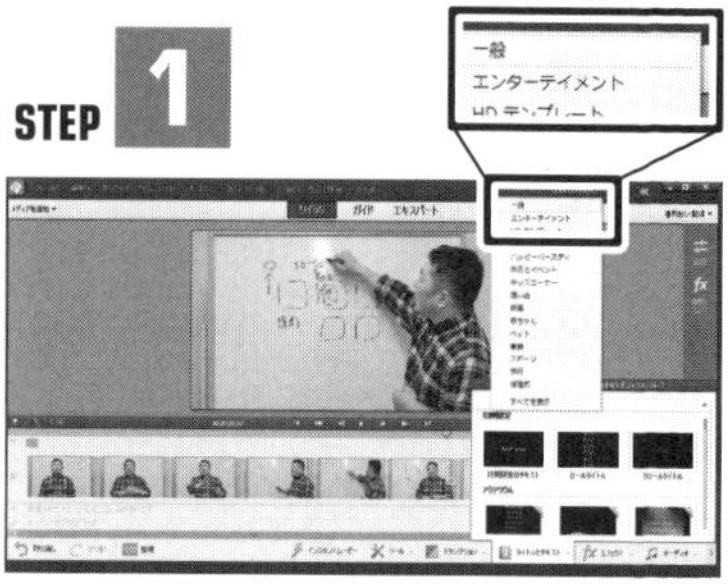

キャプション挿入部分まで動画を移動し“タイトルとテキスト”＞“一般”を選択

STEP 2

“初期設定”より“初期設定のテキスト”を選択しタイムラインにドラッグ＆ドロップ

STEP 3

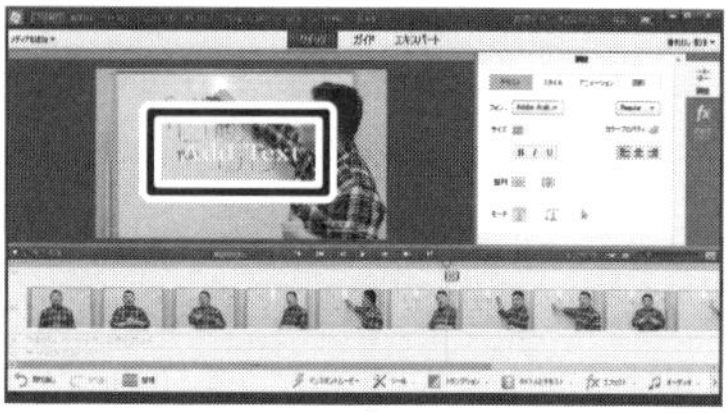

キャプションが挿入される

STEP 4

テキストの大きさ、表示位置を修正

STEP 5

文字の体裁は好みのものを選択可能

STEP 6

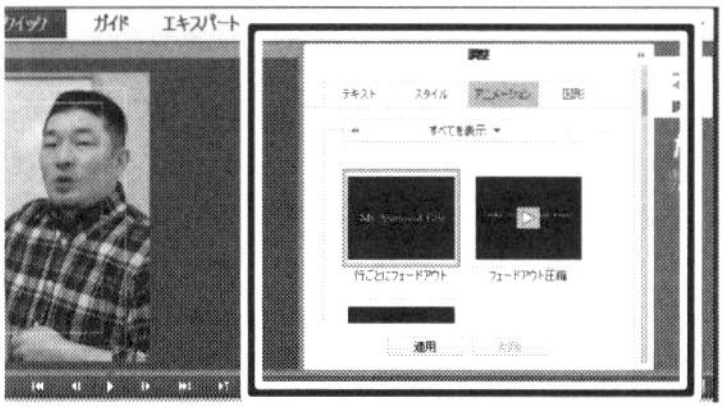

文字の表示スタイルを変更

STEP 7

再生をしてキャプションを確認

Premiere Elements 3
タイトルをつける

実践！

STEP 1

動画のはじめにカーソルを合わせる

STEP 2

「実践！Premiere Elements 2 キャプションを入れる」の要領でタイトルを挿入

STEP 3

キャプションの編集

STEP 4

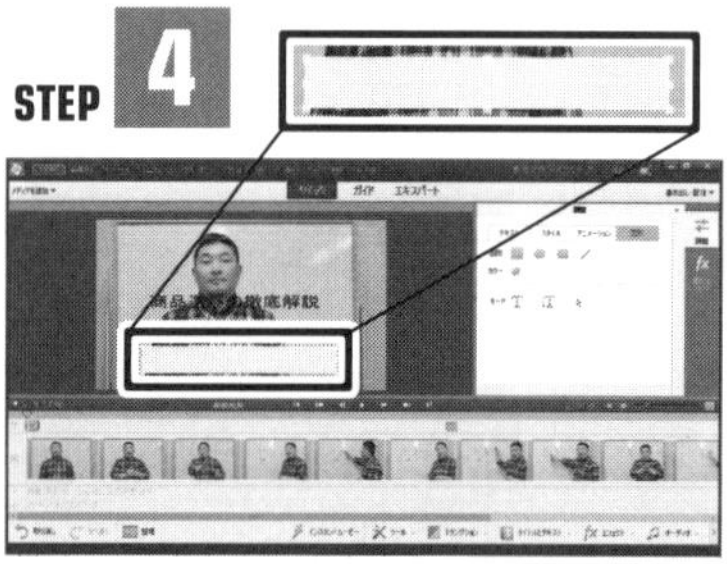

キャプションの背景となる四角形を描画

STEP 5

四角形を選択し“アレンジ”＞“最背面へ”を選択

STEP 6

キャプションを選択し、四角形の上に乗せる

STEP 7

タイトルが正しく表示されるか動画再生をして確認

Premiere Elements 4
完成した動画を出力する

実践！

STEP 1

“書き出し・配信”より“コンピューター”を選択

STEP 2

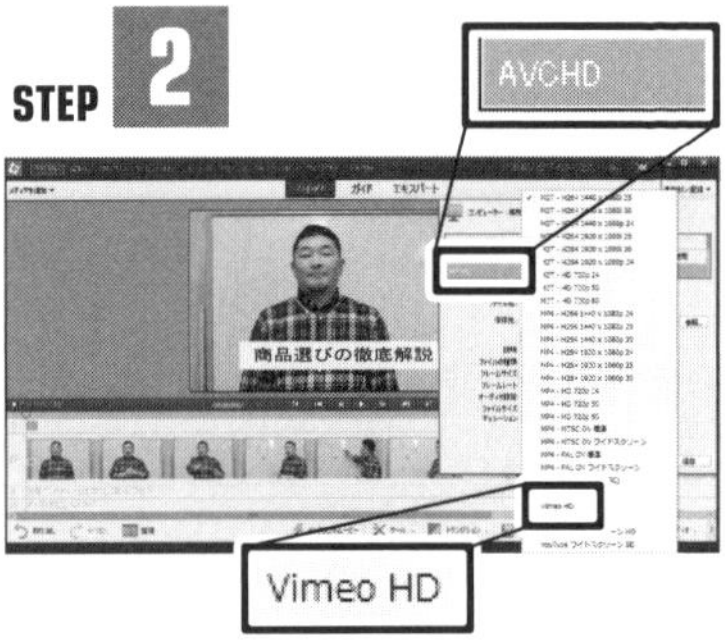

“AVCHD”より“Vimeo HD”を選択

STEP 3

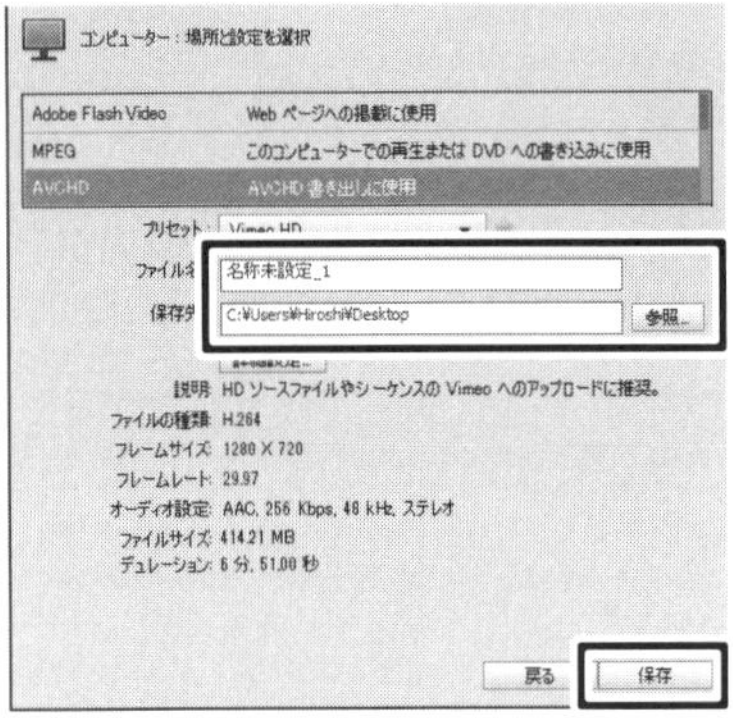

ファイル名（半角英数字）、動画出力先を設定し、“保存”をクリック

STEP 4

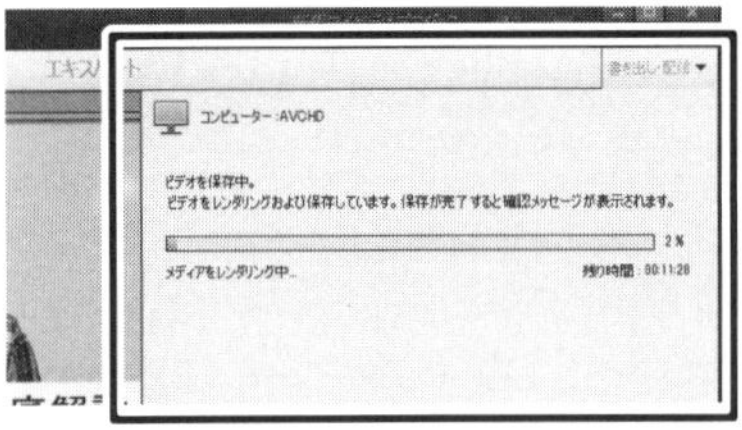

動画出力中となる（動画出力には少々時間がかかります）

STEP 5

動画出力完了を確認し“完了”をクリック

STEP 6

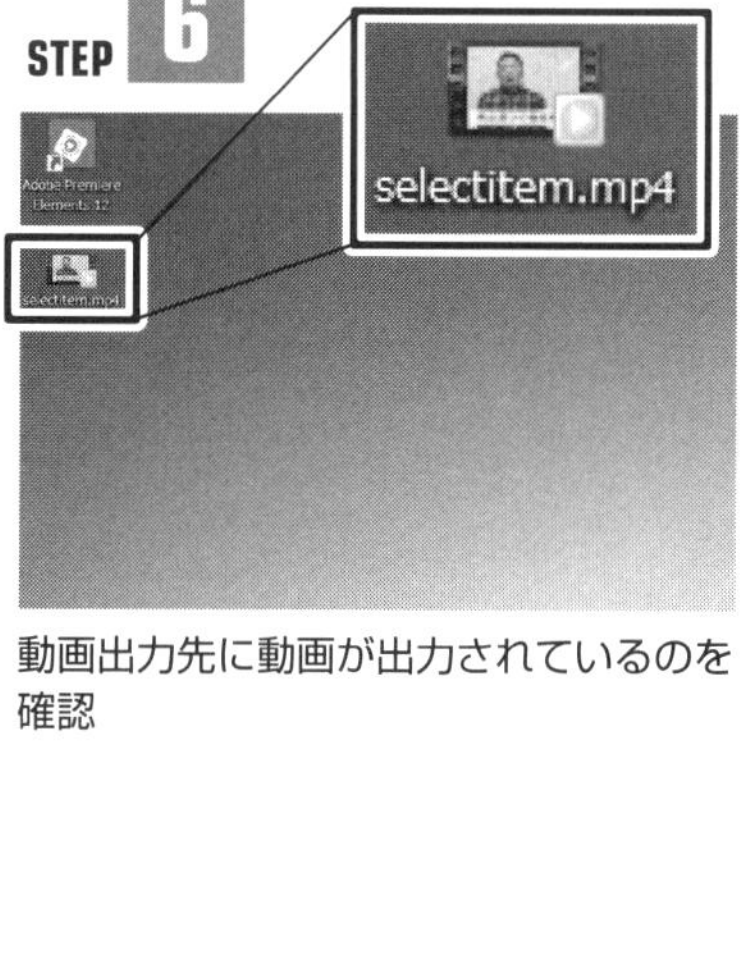

動画出力先に動画が出力されているのを確認

STEP 7

ファイルを再生し、出力動画を確認
(Windows Media Playerでの確認例)

〈動画はしっかり確認〉
出力が終わったら、“最後にもう一度確認しよう”（P.134）を見ながら最終チェックを行ないましょう。

Premiere Elements 5 プロジェクトを保存する

実践！

STEP 1

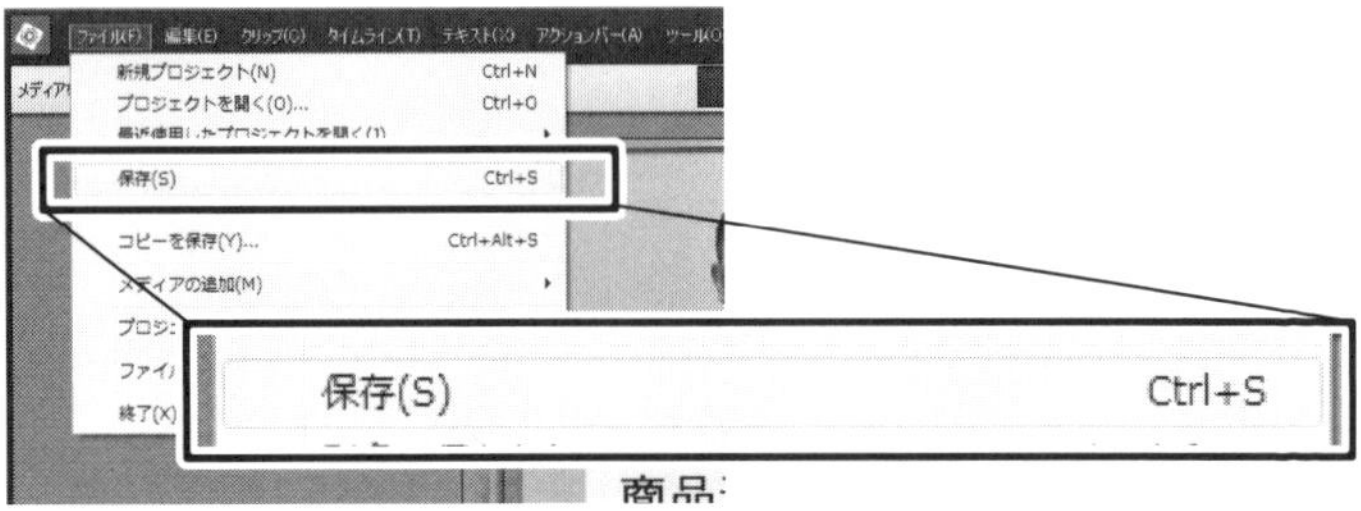

“ファイル” > “保存” を選択（動画編集中も小まめに保存しておく）

STEP 2

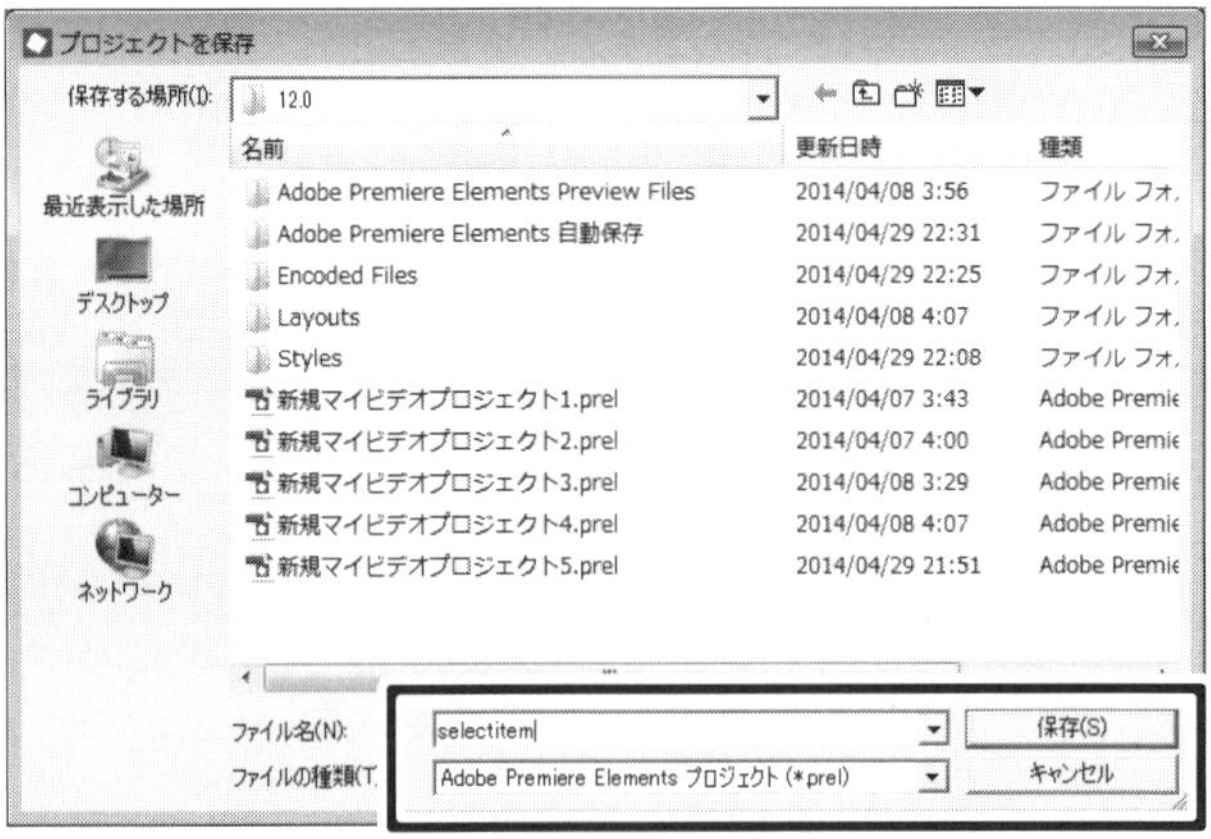

ファイル名を入力し“保存”をクリック

〈プロジェクトは小まめに保存〉

プロジェクトの保存は動画出力終了時だけでなく動画作成中も小まめに行いましょう。「やっと完成した！」と思って動画の出力を行なっている最中に、パソコンがフリーズということになったら編集にかかった時間が無駄になってしまいます。

最後にもう一度確認しよう

動画の編集が終わった段階と出力が終わった段階で、完成した動画をもう一度確認します。「終わった！」と思ったあとの再確認は意外と面倒な作業ですが、最後の仕上げですから入念にチェックしましょう。動画の編集作業は慣れてくると簡単にできるようになりますが、慣れとは恐ろしいもので、「まさか」という失敗を残したまま動画を公開してしまうこともあります。

私の経験では、この本で紹介しているソフトではありませんが、終わりの数秒が切れていた、ということがありました。最後の「ありがとうございました」のあいさつの途中で動画が切れていたのです。また、タイトルが動画冒頭ではなく、終わりに挿入されてしまっていたものもありました。特に配信日に追われて突貫工事で動画を作成すると、ミスが起こりやすくなります。動画のはじめと終わり、キャプションを入れた場合には挿入位置など、左のポイントを必ずチェックしましょう。

編集が終わったらここをチェック

動画のチェック箇所	説明
フォーマット	拡張子が異なる出力を行なうと、いつもと同じように公開できない時があります
ファイルサイズ	ファイルサイズが異様に大きい、あるいは異様に小さい時は出力に失敗、または選んだ出力形式がいつもと異なります
キャプション	キャプションが適切に挿入できているか確認します
タイトル	タイトルが内容と一致しているか確認します
開始、終了部分	開始、終了部分が適切にカットされているか確認します
音声	音声がきちんと入っているか、ノイズで音声が聞きとりづらくないかを確認します

7
章

ネットセミナー
登録編

目的にあった動画登録をしよう

動画公開にはさまざまな方法があります。動画配信の前には、動画配信サービスに事前登録が必要です。ここでは、代表的な動画再生サイトYouTubeとVimeoでできる公開方法についてお伝えします。

一般公開としたり、ＵＲＬを非公開にするだけでは、誰でも動画を見ることができてしまいます。会員限定で公開したつもりでも、ＵＲＬさえコピーしておけば、いつでも動画を見ることができるのです。現在受講料をお支払いただいている会員の方のみに見せたい、という場合には少し工夫が必要です。

▶動画ＵＲＬ

誰でもインターネット上から検索できるように公開状態にするか、もしくは検索対象にならないよう非公開状態にするか選択します。

▶パスワード設定（Vimeoのみ）

動画視聴にパスワードを設定します。

▶URL限定（Vimeoのみ）

動画が不正に他のページにコピーされないよう、動画を公開するドメインを限定することができます。たとえば「xxx.comのホームページ以外の環境では再生させない」という設定ができますので、悪意の第三者による不正公開を防止することができます。

Vimeoの有料版であれば、公開範囲をより詳細に設定することができます。退会した元会員の方には動画を公開したくないといった設定は、Vimeoを使って実現することができます（詳しくは146ページ）。

YouTubeを利用した公開

YouTubeについては、ここであらためてお話しするまでもなく、よくご存じのサービスかと思います。YouTubeに動画を公開するのは実に簡単です。動画の公開方法は3種あります。それぞれの特徴を見てみましょう。

▶公開

YouTube上で検索して見ることのできる動画は、公開されている動画です。不特定多数の方に見てもらいたい時は〝公開〟を選択します。

▶限定公開

YouTubeには、一部の人だけが視聴可能な〝限定公開〟という機能もあります。〝限定公開〟で公開された動画はインターネットの検索結果として表示されません。この機能を使えば、会員限定のメルマガだけに向けて動画を配信することができます。ただし、URLが非公開なだけで、URLが共有されれば誰でも見ることができてしまいます。

また、動画のURLを知っている人は退会後も見ることができてしまいます（現在の会員のみ視聴可能としたい場合には、Vimeoの有料サービスを利用します）。

▶非公開

公開範囲を特定のユーザーに限定して動画を公開できるモードです。公開する人を毎回選ばなければならず、また、公開可能な人数も限定されているため、ビジネスでの利用には向きません。

不特定多数の方に公開する時は〝公開〟、メルマガ等で会員限定で公開する時は〝非公開〟を選択しましょう。ただし〝非公開〟でもURLの共有をすることは可能です。

私は無料メルマガでの動画公開はYouTube、会員向け動画はVimeoで公開しています。「YouTubeは無料」というイメージが強いことも理由のひとつですが、Vimeoのほうが公開範囲を細かく設定できるからです。このように、用途に合わせて使い分ける方法もあります。

YouTubeに動画を登録する　実践！

STEP 1

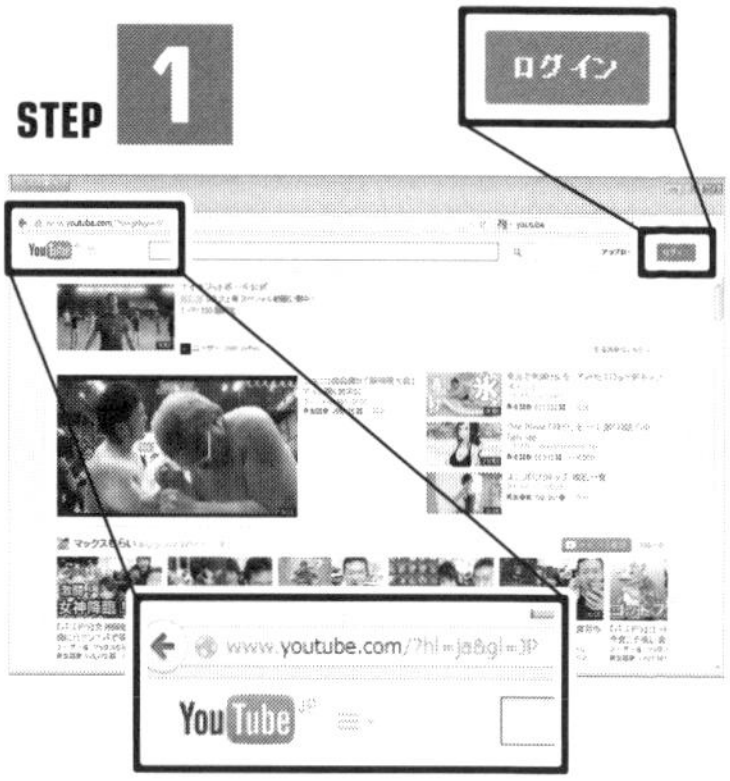

YouTubeにアクセスし、“ログイン”をクリック
https://www.youtube.com/

STEP 2

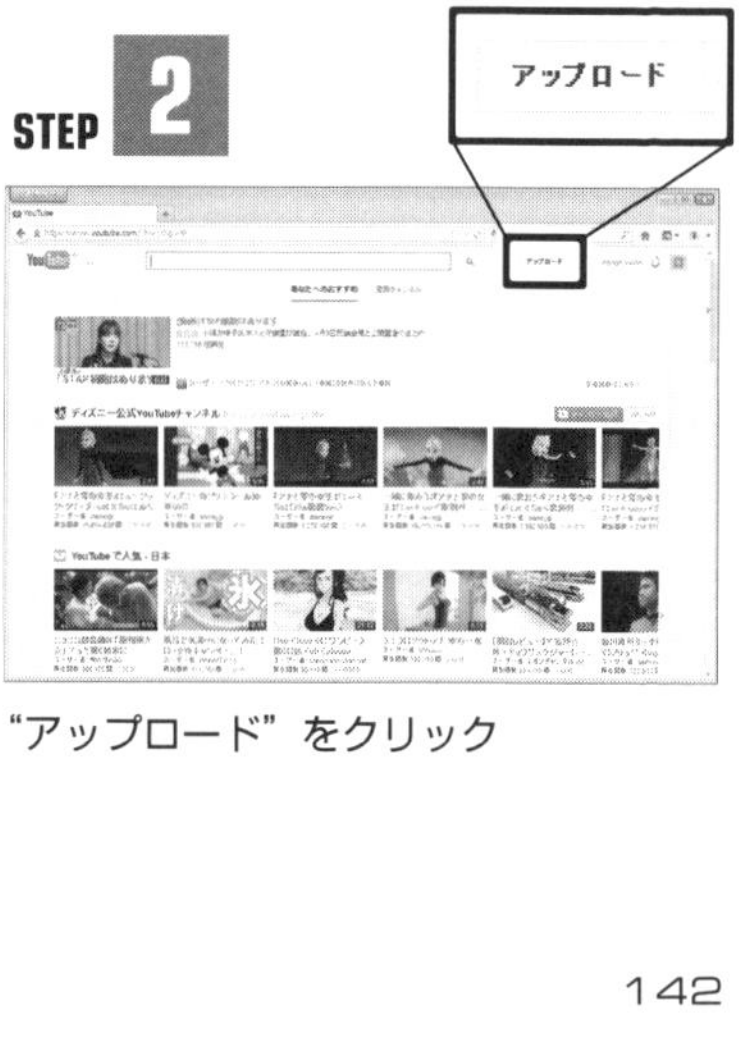

“アップロード”をクリック

STEP 3

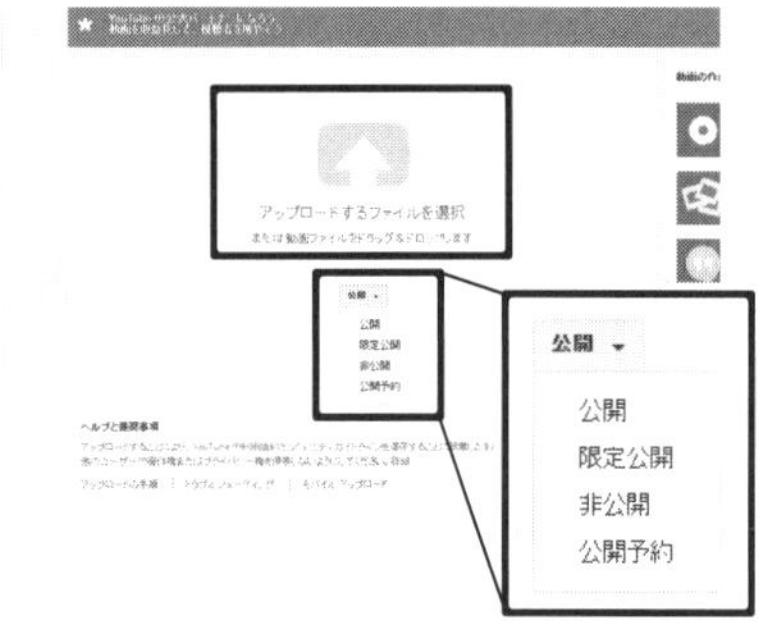

ファイルの公開形式を選択し、“アップロードするファイルを選択”をクリック

STEP 4

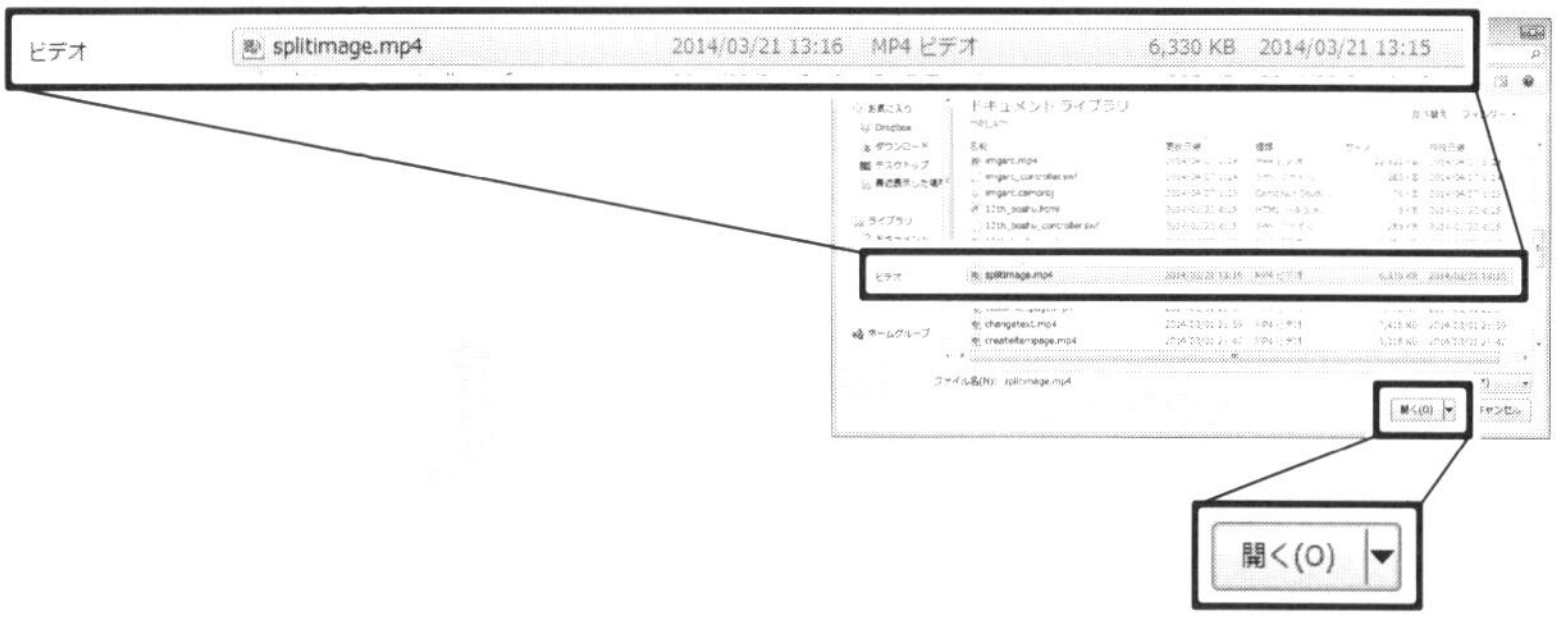

アップロードする動画ファイルを選択

STEP 5

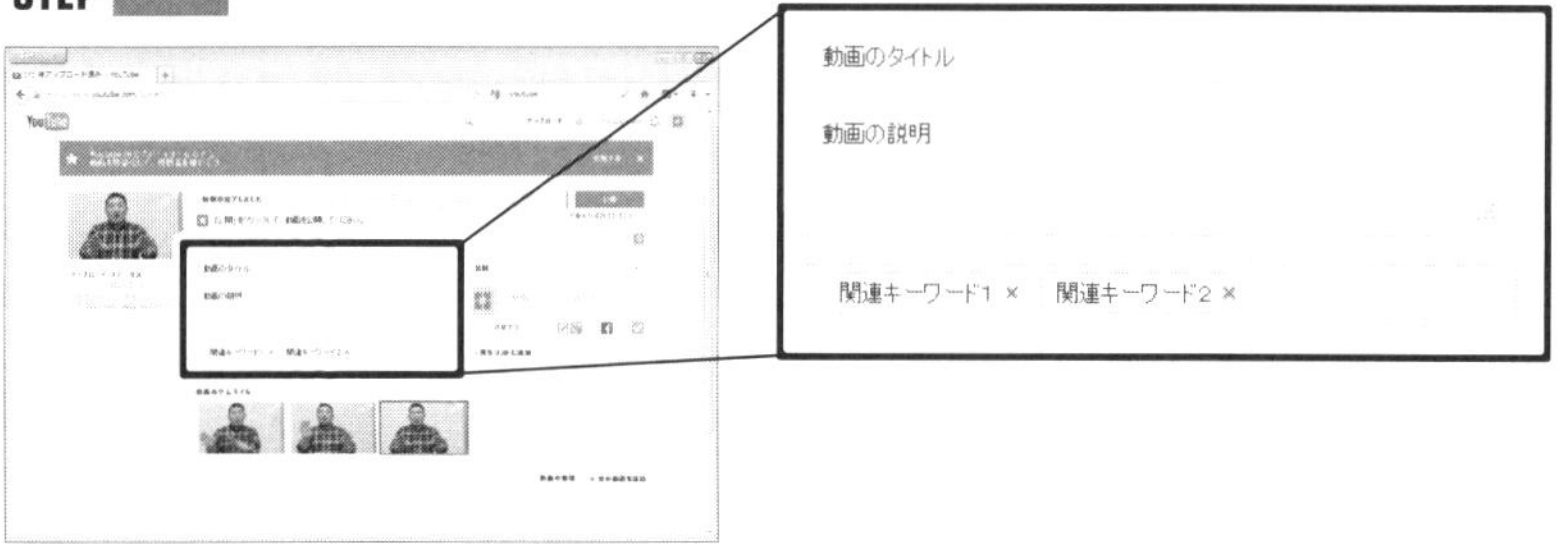

動画タイトル、説明などの基本情報を入力

STEP 6

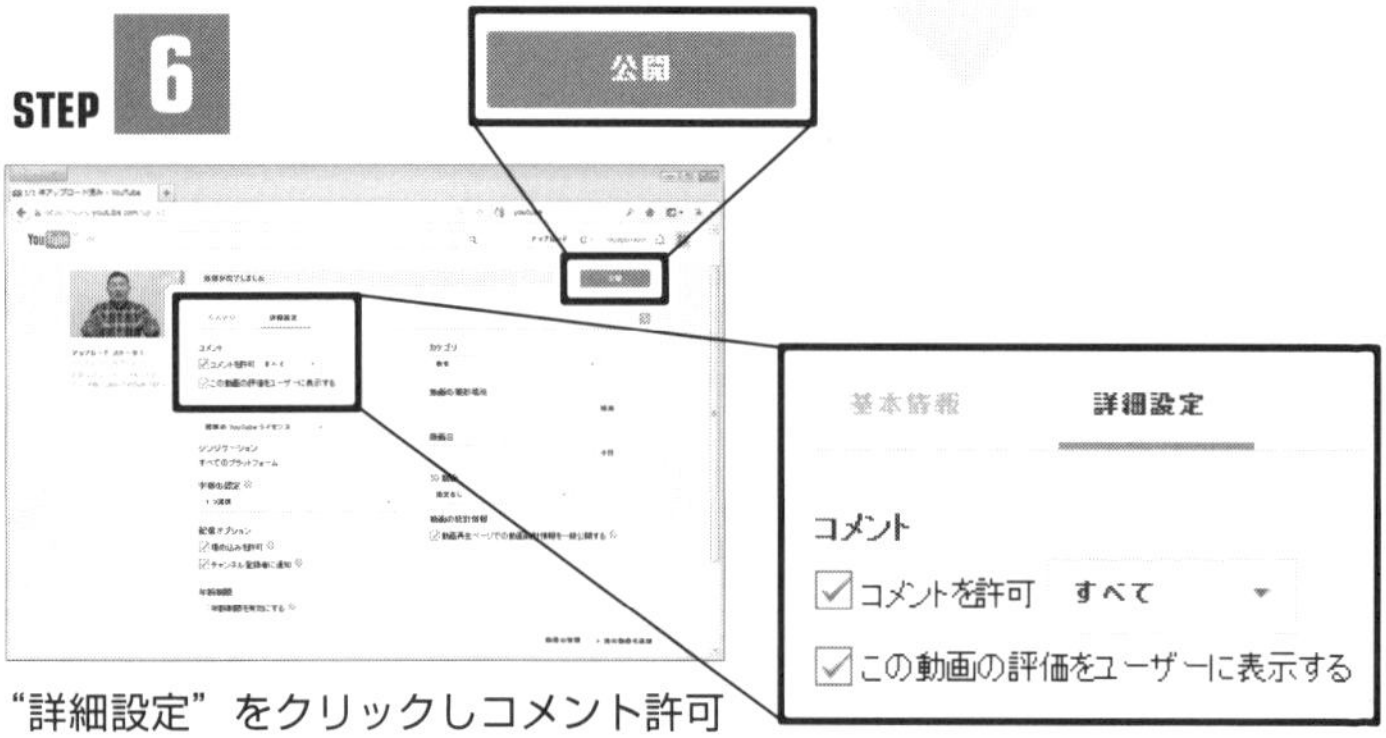

“詳細設定”をクリックしコメント許可
などの項目を選択し“公開”をクリック

STEP 7

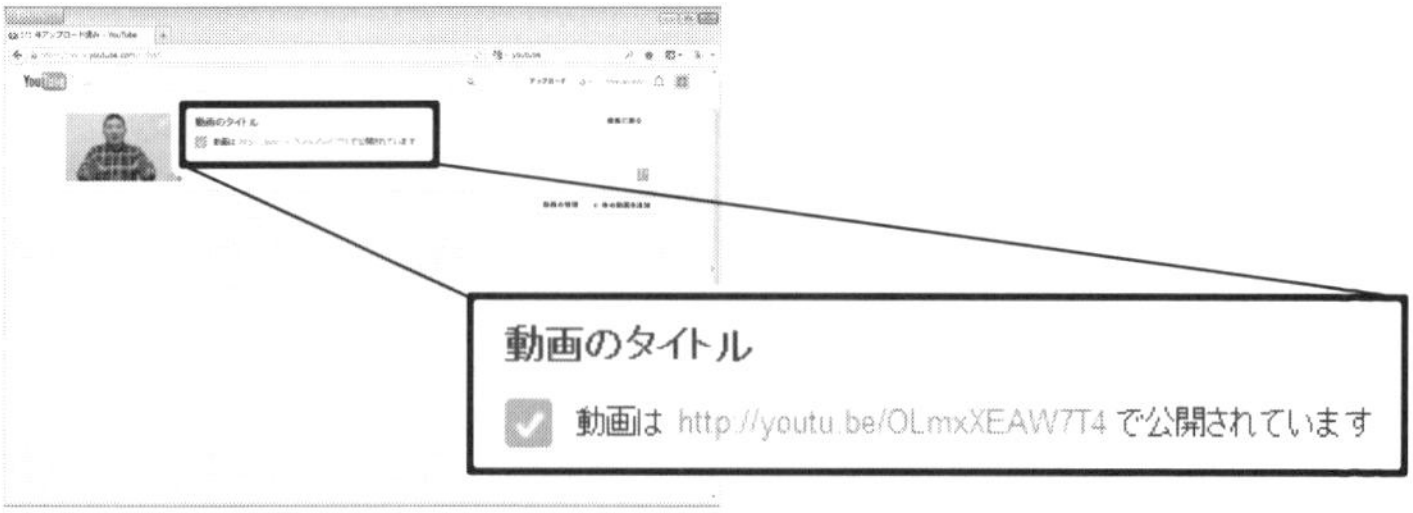

動画のURLを確認しクリック
（メルマガ等ではこのURLを案内）

STEP 8

動画の再生を確認

STEP 9

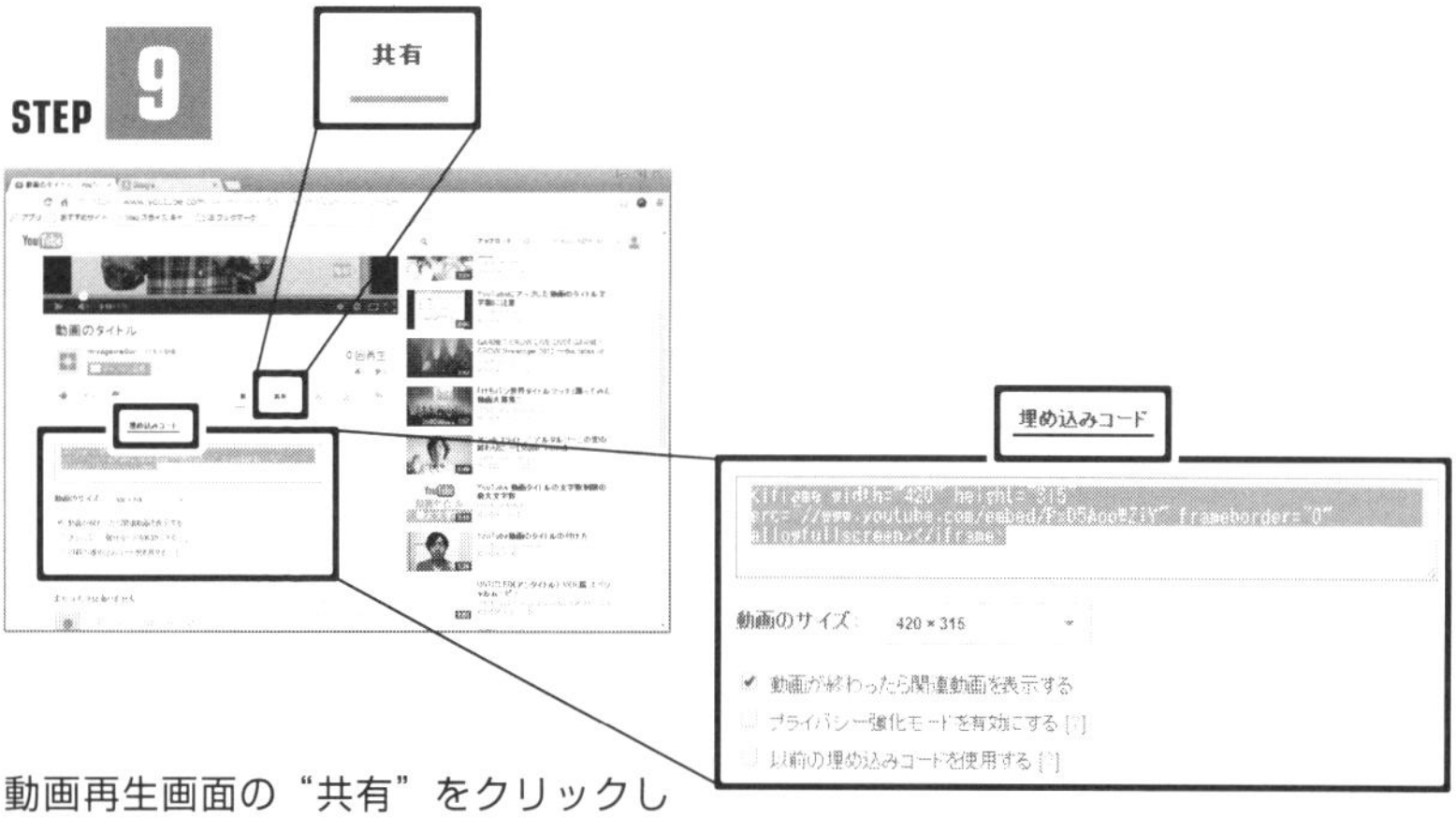

動画再生画面の“共有”をクリックし“埋め込みコード”を確認
（ホームページに動画を貼る場合にはこちらのコードを利用する）

Vimeoを利用した公開

VimeoはYouTubeに似た、動画を公開するサービスです。日本ではまだあまり知られていませんが、月間1億人以上が利用しています。最大の特徴として、有料利用時に公開範囲を限定できるなど、機能が豊富に揃っている点が挙げられます。また、VimeoのほうがYouTubeより公開動画が高品質である印象を受けます（これはクリエイティブな人たちがVimeoに多く集まるからなのか、Vimeoの動画処理が優れているからか、定かではありません）。

▶私がVimeoを使う理由

YouTubeの紹介（１４０ページ）でも書きましたが、非公開とはいえＵＲＬが公開されると誰でも見ることができるのは、会員の方のみにノウハウを提供したい場合、あまりよい公開方法ではありません。動画の公開範囲を会員に限定する仕組みとして友人から紹

Vimeoの特徴

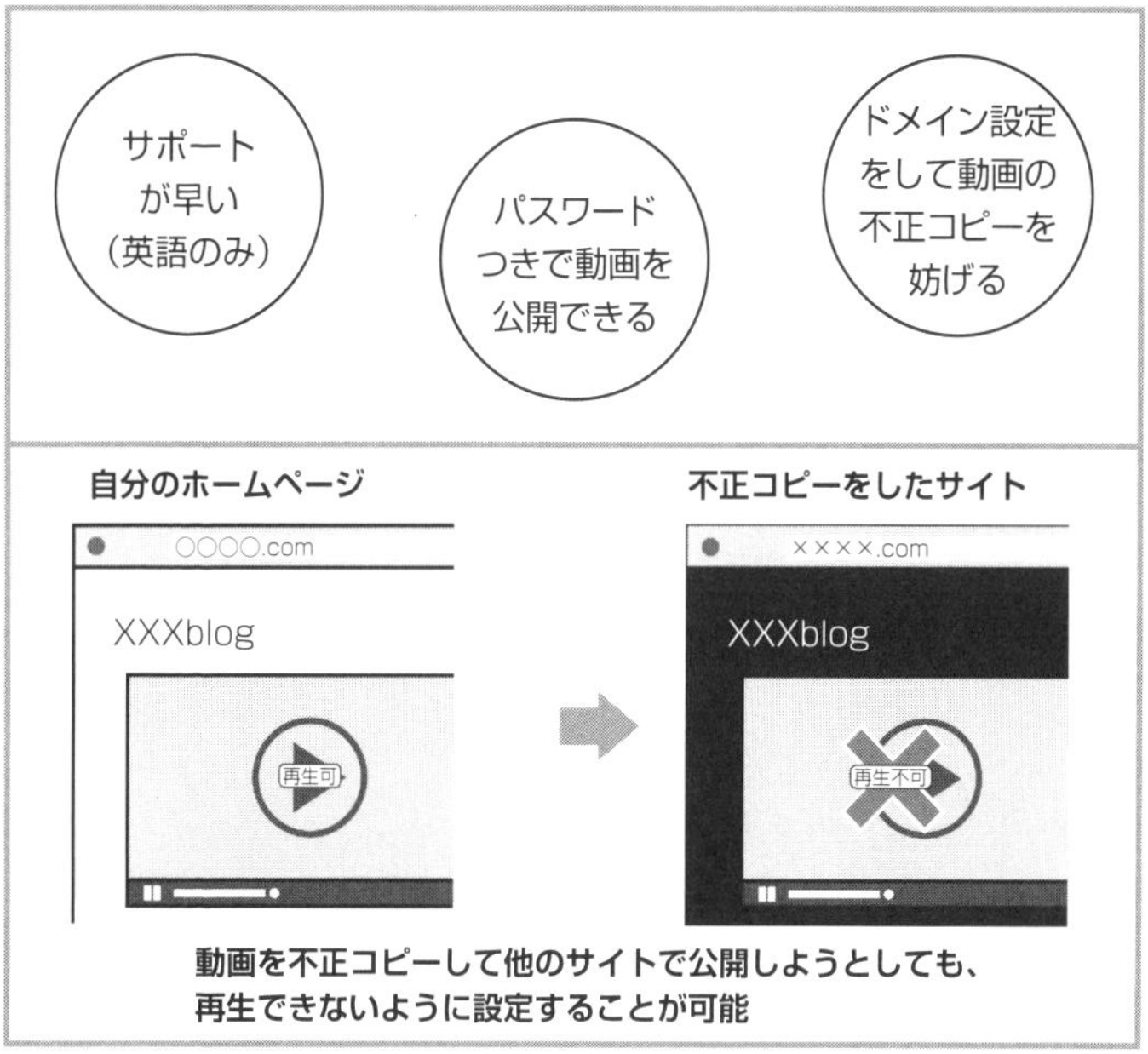
サポート
が早い
（英語のみ）
パスワード
つきで動画を
公開できる
ドメイン設定
をして動画の
不正コピーを
妨げる
自分のホームページ
〇〇〇〇.com
XXXblog
再生可
不正コピーをしたサイト
××××.com
XXXblog
再生不可
動画を不正コピーして他のサイトで公開しようとしても、
再生できないように設定することが可能

介を受けたのがVimeoでした。有料会員はパスワードをつけて公開したり、ドメイン設定をして動画の不正コピーを防ぐこともできます。一番高いコースを選択しても年1万9900円（2014年9月現在）ですから、ビジネスとして利用するのであれば十分安価だと思います。「サポートが英語のみ」なのが唯一の難点ですが、メールで質問した時の回答の早さはとても迅速です。

Vimeoに登録 1
動画登録

実践！

STEP 1

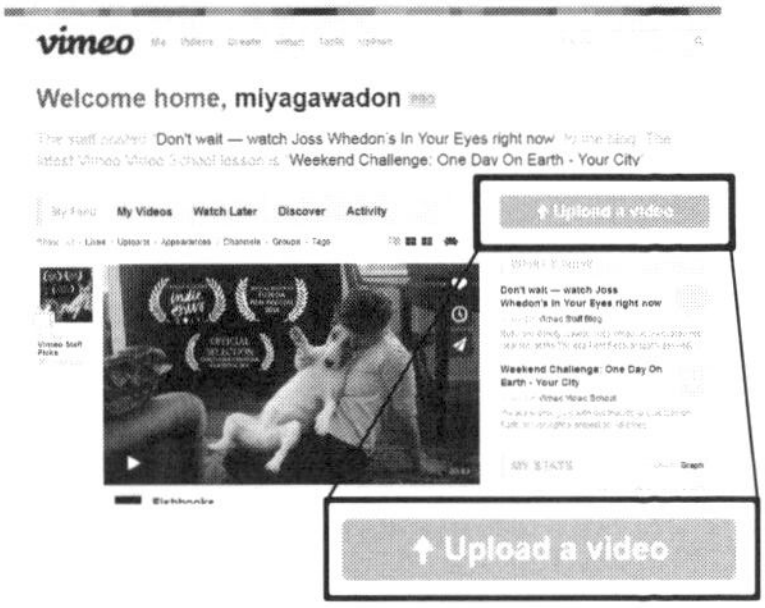

Vimeoにログインし
“Upload a video”をクリック

STEP 2

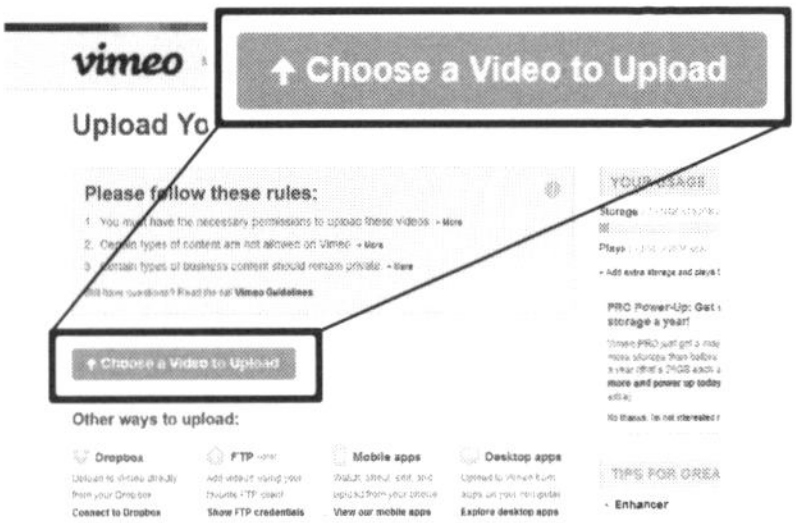

“Choose a Video to Upload”を
クリック

STEP 3

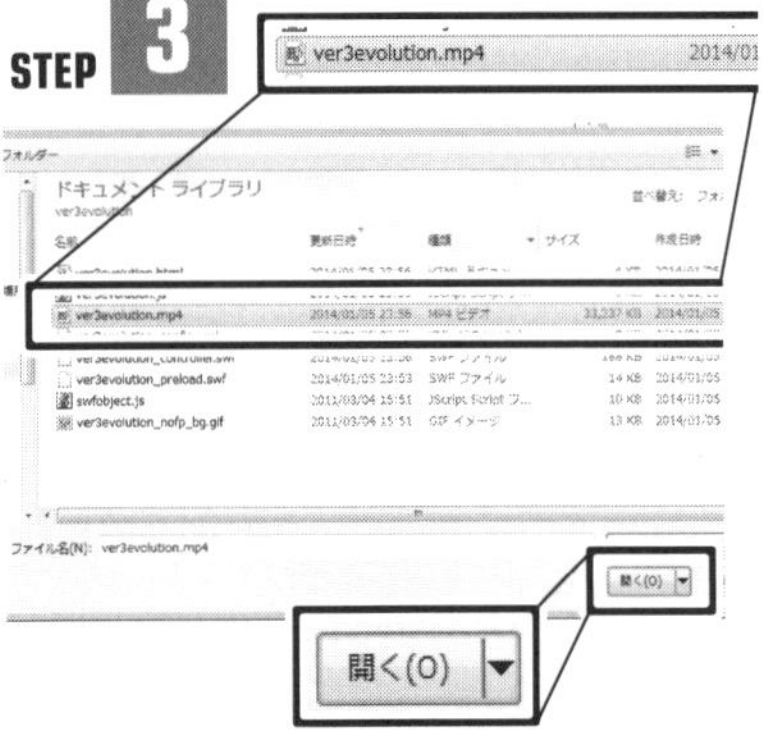

アップロードする動画を選択し“開く”
をクリック

STEP 4

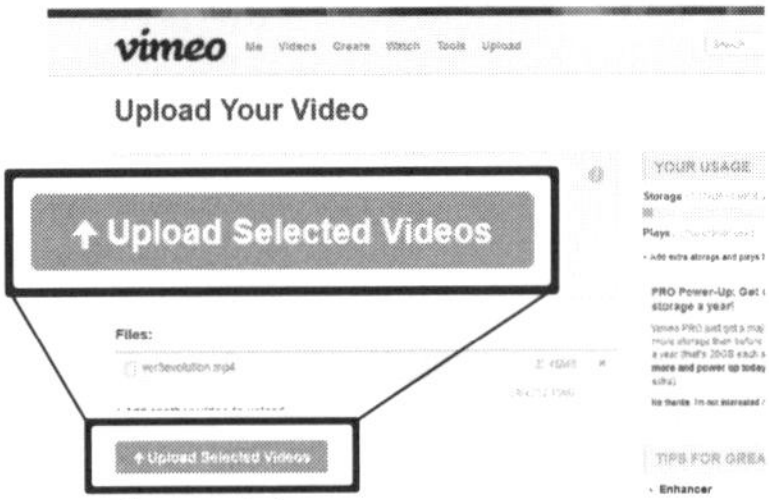

“Upload Selected Videos”をクリック
（最大5本まで同時にアップロード可能）

STEP 5

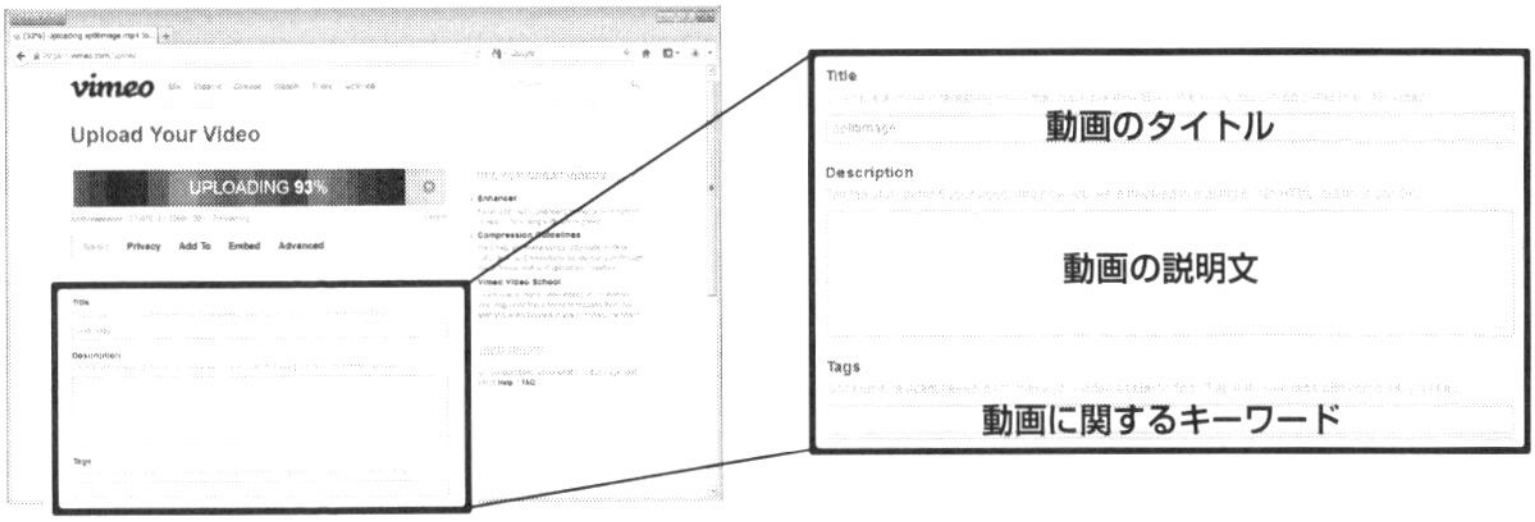

基本情報を入力し“Save Changes”をクリック

STEP 6

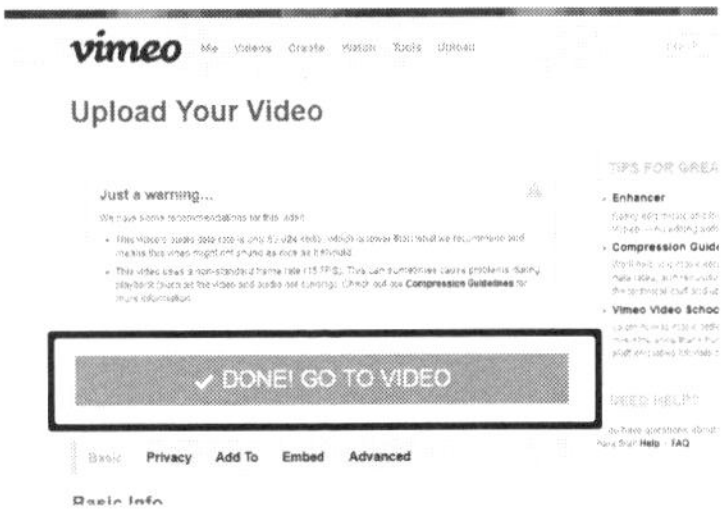

アップロードが完了したら
“DONE! GO TO VIDEO”をクリック

STEP 7

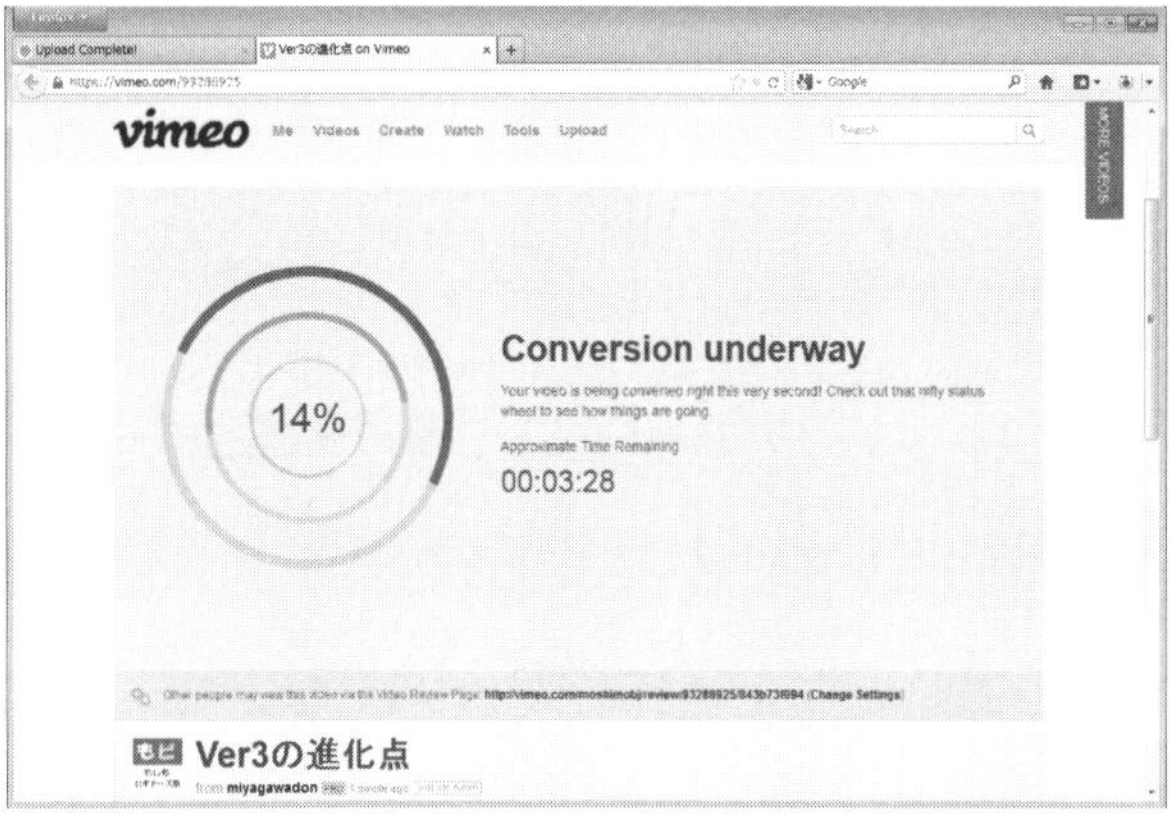

動画公開処理中の画面（処理が終わると再生可能となる）

STEP 8

動画の設定を変更する

STEP 9

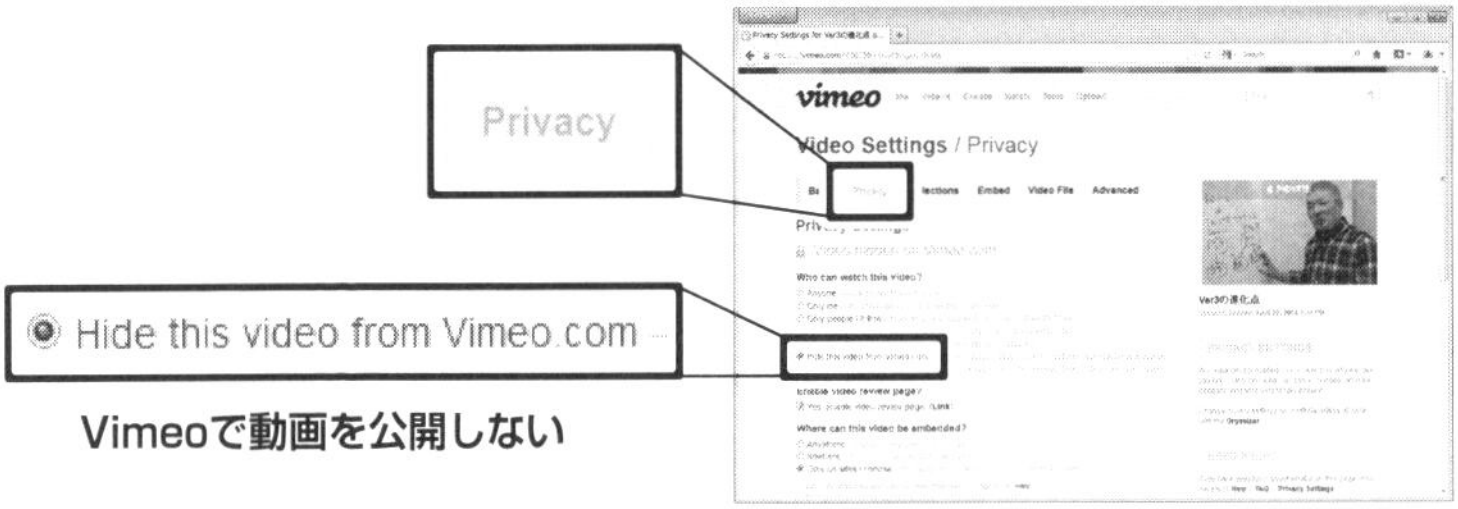

動画を非公開設定にする

STEP 10

動画のプライバシー設定を行なう

Vimeoに登録 2
サムネイルの編集

実践！

STEP 1

“Videos” ＞ “My Videos” をクリック

STEP 2

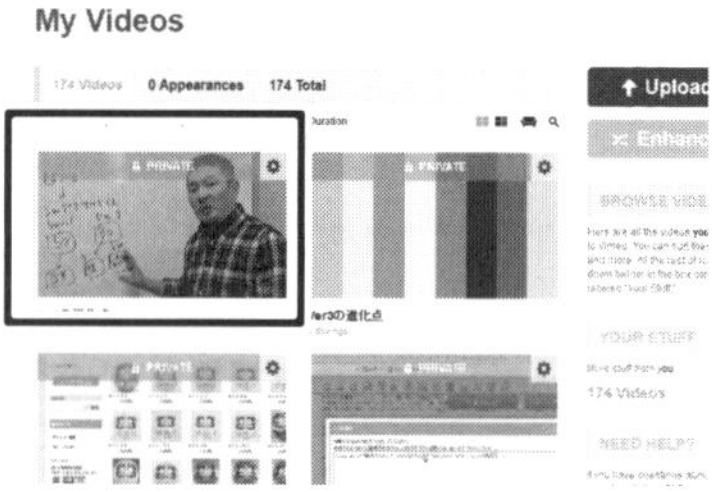

サムネイルを変えたい動画をクリック

STEP 3

“Settings” をクリック

STEP 4

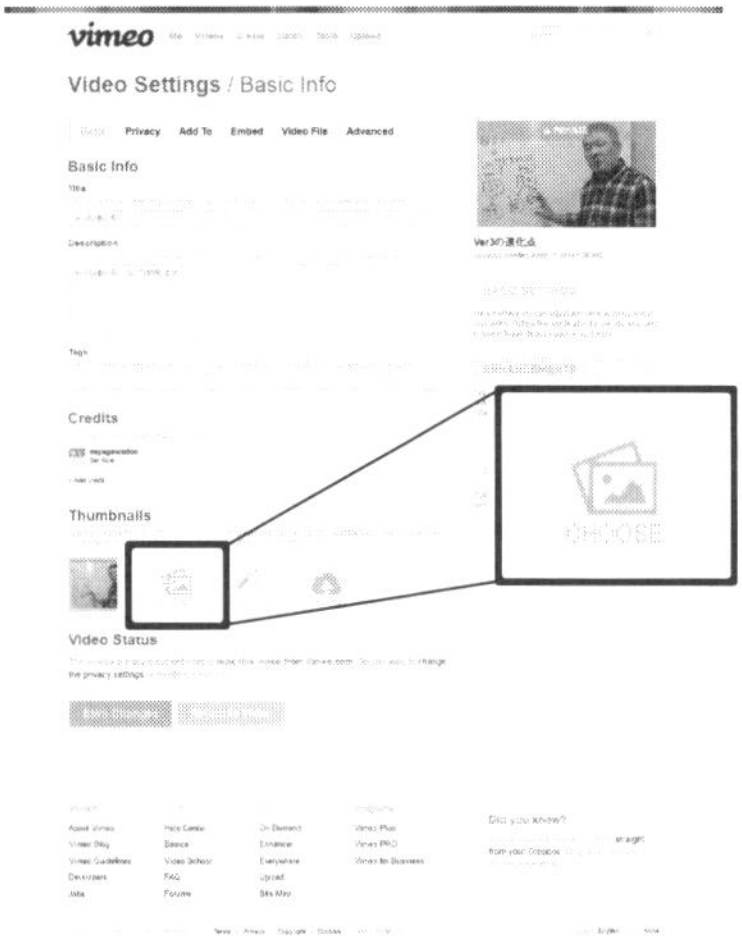

Thumbnailsの“CHOOSE”をクリック

STEP 5

自分の気にいったコマで動画の再生を止め“Use this frame”をクリック

STEP 6

Thumbnails欄に選択したサムネイルが表示される

STEP 7

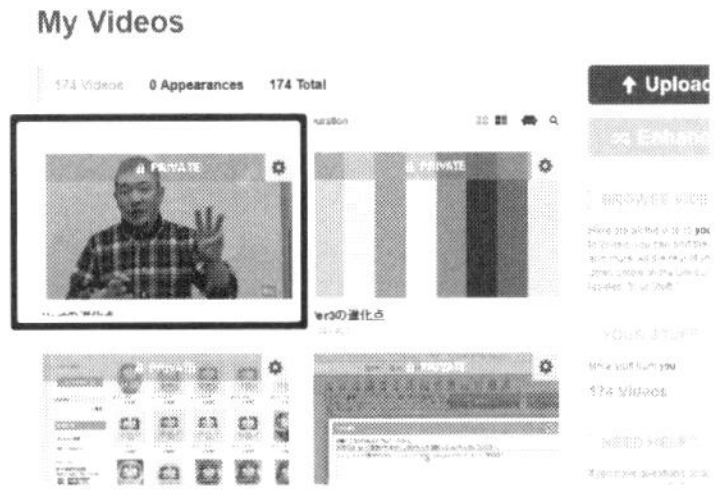

動画一覧や動画再生待ちの画面が、選択したサムネイルに置き換わる

Vimeoに登録 3
ホームページ上で紹介

実践！

STEP 1

“Videos” > “My Videos” を選択

STEP 2

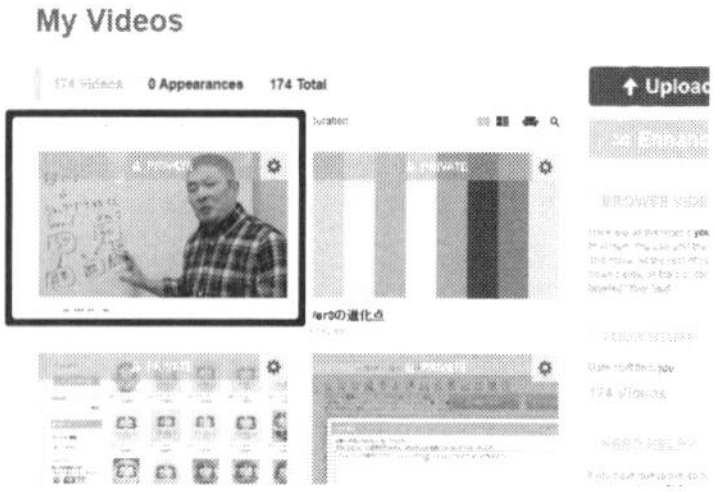

ホームページ上に紹介したい動画を選択

STEP 3

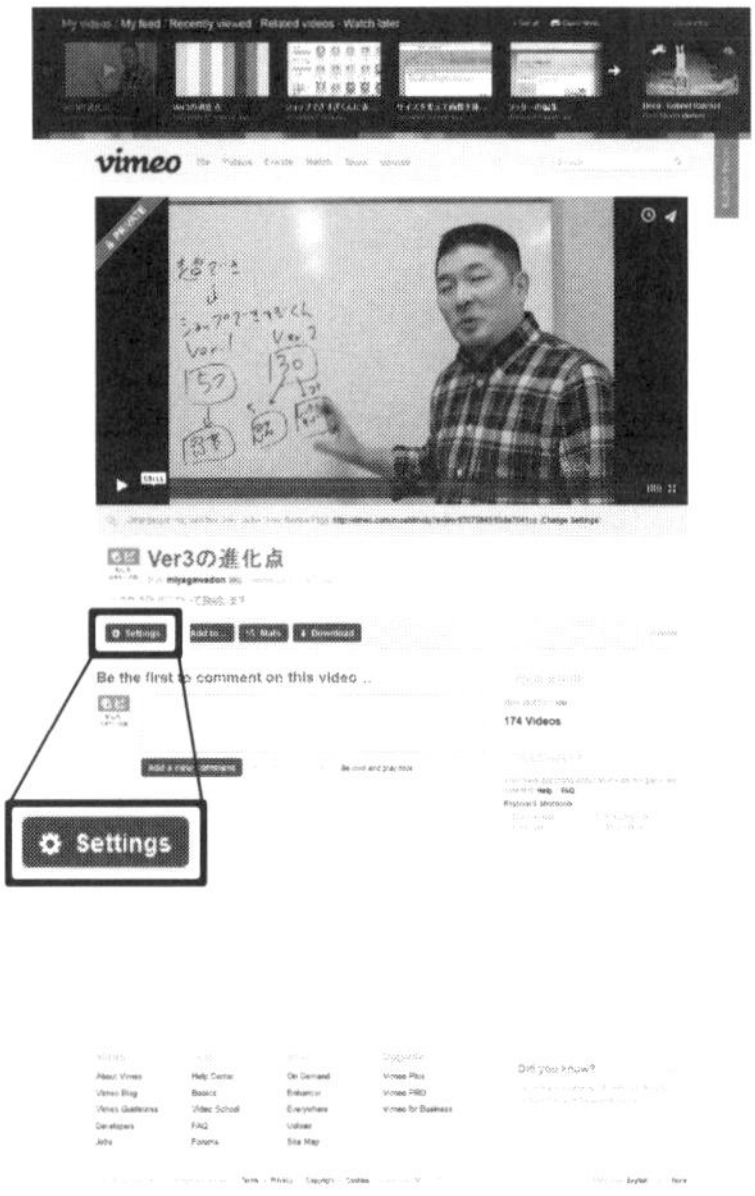

“Settings” をクリック

STEP 4

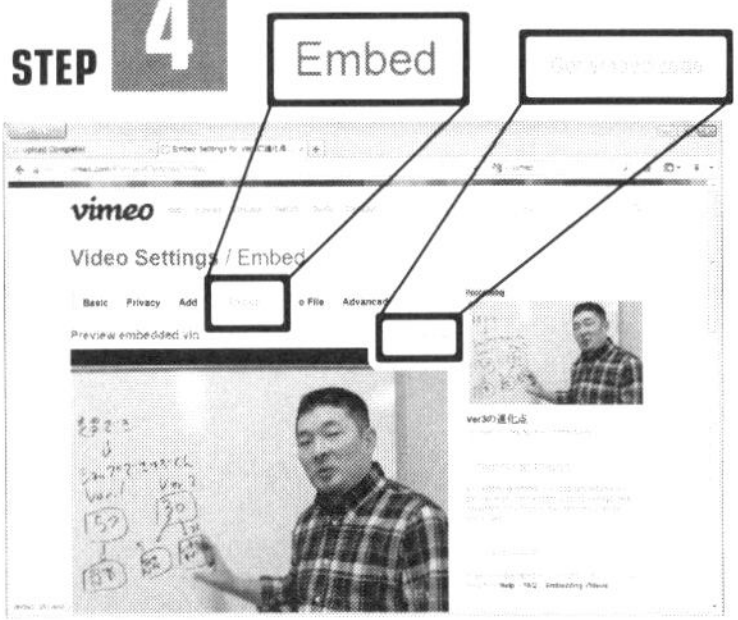

"Embed" をクリックし "Get embed code" をクリック

STEP 5

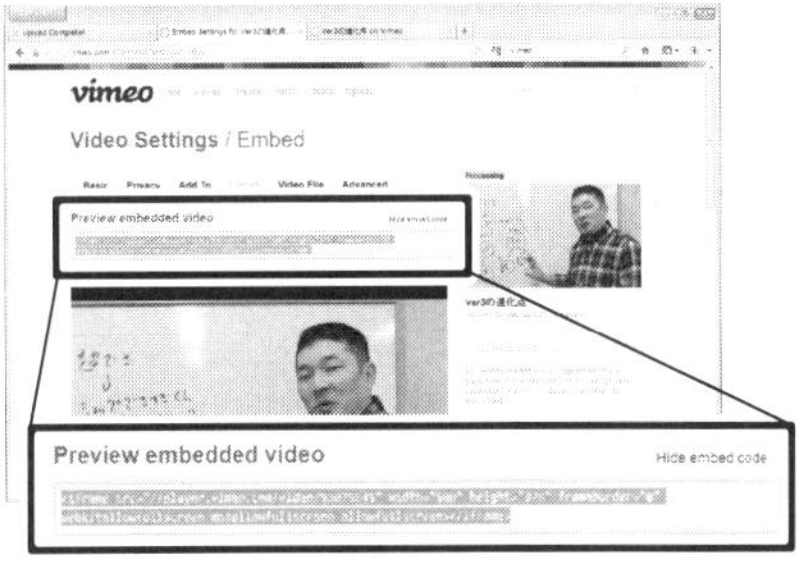

表示されたコードをコピー

STEP 6

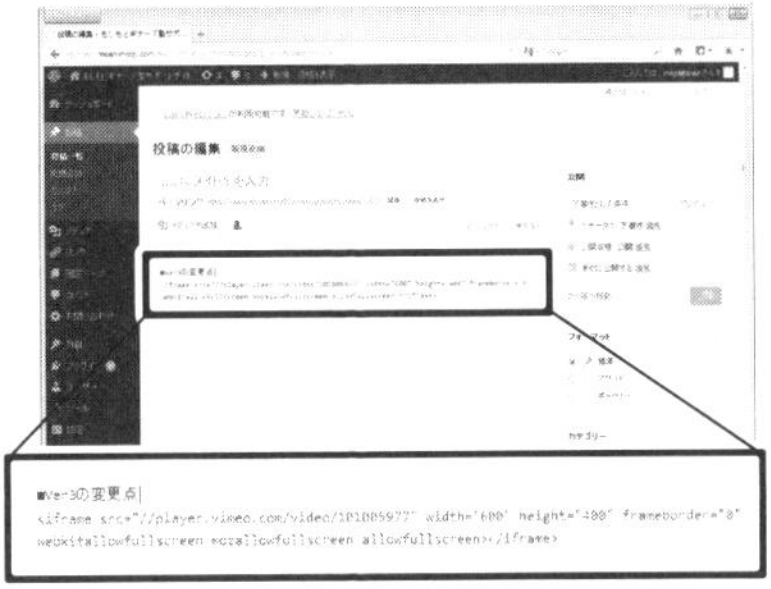

ホームページ上に貼り付ける
(画面はWordPressサイトの例)

STEP 7

動画がホームページ上に埋め込まれる
(ブログも同じ要領です)

動画の再利用をしよう

撮影・編集を経てせっかく時間をかけて完成させた動画を、一度配信しただけで終わらせてしまうのは実にもったいない話です。動画の再利用について、いくつかご提案します。

①動画を集めてＤＶＤ化

動画を一連の内容でまとめてＤＶＤを作成します。ＤＶＤは学習教材として配布したり、パッケージ化して販売することもできます。

「学習内容に興味はあるけれど、会員になるのはちょっと……」と二の足を踏んでいる方向けに、外に切り出したコンパクトな教材として提供してみるのも一案です。

②動画の学習内容を資料化

動画は目と耳を使って学べるので理解しやすく、また、講師の人柄も伝わりやすいというメリットがありますが、「学習」という観点から見ると、「書き起こした資料が手元に欲しい」という声が少なからず上がってきます。動画の学習内容をまとめて資料化すれば「資料の配布＋動画の配信」と、会員の方により喜ばれる内容を提供できるようになります。

③動画を無料化

内容的に入門的なものなど、会員募集の宣伝に使えそうなものは、会員向けの配信を続けながら、新規会員の募集用に無料化する手もあります。

「せっかく作ったものを無料で配信してしまうなんて」と思われる方もいらっしゃるかもしれませんが、有料で配信するような内容だからこそ、募集の時も魅力を感じていただけるのです。もちろん会員の方にはよりよい学習内容を提供すべき、ということは言うまでもありません。

私の会員の方の中にも、同じ動画配信内容でも、ＤＶＤを必ず購入してくださる方が何名かいらっしゃいます。「手元に置いてまとめて見たいから」という意見がありました。こういう声にも応えていくことでビジネスの幅が広がります。

8
章

ネットセミナー
配信編

不特定多数の方に公開

不特定多数の方に動画を公開する方法はいくつかあります。いずれの方法も非常に簡単に公開できるので、ビジネスの収益化を考える前に、とりあえず動画をひとつ作って公開してみる、ということもおすすめです。意外な反応、嬉しい反応があると、それが新たな動画作成へのモチベーションにもなるでしょう。

▶動画ＵＲＬを配信する方法

最も簡単な告知方法は、メルマガやフェイスブックで動画ＵＲＬを紹介することです。この方法のデメリットは情報が流されやすいことです。たまたまその情報を見た人だけが視聴できるので、シリーズ化して動画を見せたい時には不向きです。また全体への配信となるため、基礎を十分に学習した人にも基礎的な動画を配信することにもなりかねず、学習進度に沿った動画を配信することには不向きです。最新情報やワンポイントのノウハウを伝えるなど、動画の内容にも気を配りましょう。

動画を告知する2つの方法

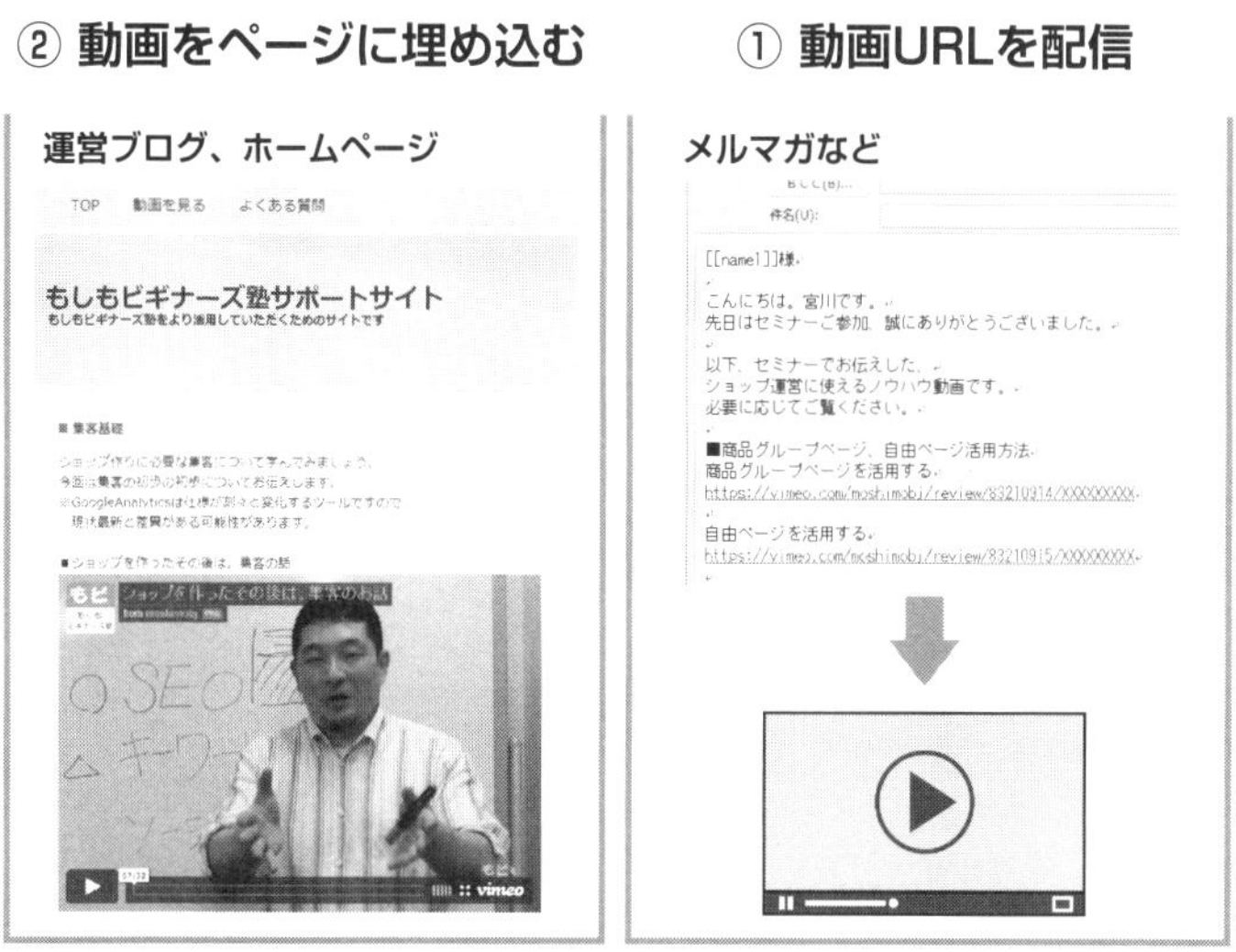

▶動画をページに埋め込む方法

ブログやホームページを所有している方は、ページに動画を埋め込むことができます。動画の埋め込みはYouTube、Vimeo共に埋め込み用のコードを貼るだけで、簡単にできます。また、ひとつの動画だけでなくホームページの構成、ブログのカテゴリ分けなどに配慮すれば、ホームページ上で動画を並べて置くこともできるので、動画をまとめて視聴しやすくなります。

ステップメールで順番に配信

86ページでもお伝えしたように、ステップメールとは、メルマガの配信をステップを踏んでできるものです。

左の図のように、メルマガとの違いを見てみましょう。

メルマガは読者全員に同じメールを同時期に送信するのに対し、ステップメールはスタート時期から順を追ってメールを配信することが可能です。

ステップメールは、スタート時期さえ管理すれば、運営者側が特に気を遣わなくても、自動でスケジュールを守って順番にメールを配信してくれる非常に便利なサービスです。

このサービスを利用すれば、容易に「会員の随時募集、随時スタート」を行なうことができます。

ステップメールとメルマガの違い

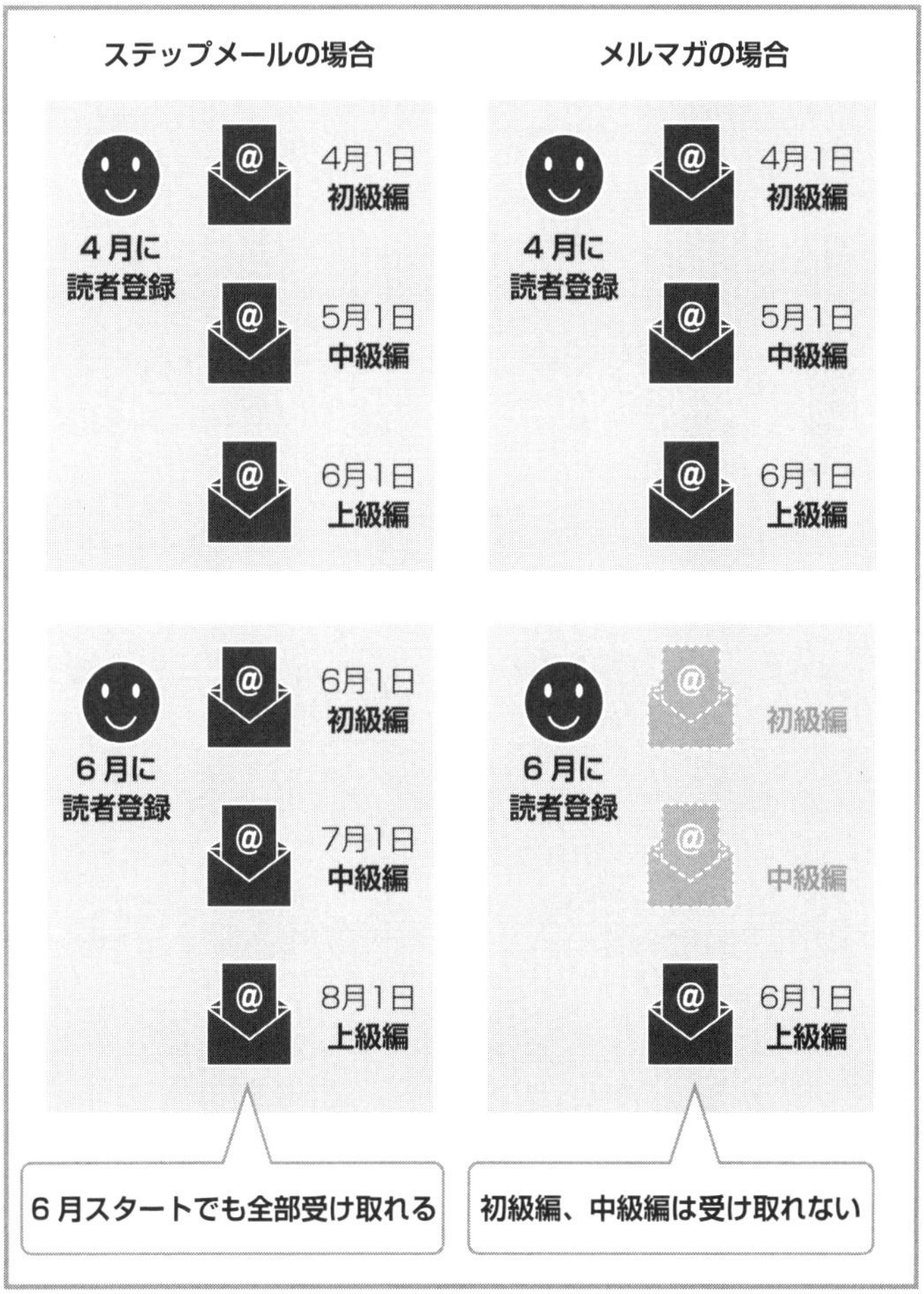

ステップメールで気をつけたいこと

ステップメールは、時期を選ばずスタート時期から順番にメールが配信されます。その点を踏まえて、ステップメール特有の以下の点に気をつけましょう。

▶時節ネタを入れない

一般的なメルマガの文章のつもりで「寒くなりましたね」「もう梅雨明けですね」などと書くと、スタート時期がずれた方にはおかしな文面になりかねません。時節ネタを極力排除して文章を作りましょう（ステップメールの中には旬ネタを入れることができるように文章差し込み機能がついているものもあります）。

▶ＵＲＬ等のリンク切れに注意

一度作ると安心してしまうのがステップメールですが、動画のＵＲＬ以外に参考ＵＲＬ

などを付記した場合は、リンク切れに注意しましょう。会員の方に向けて「リンク切れ等あった場合にはお知らせください」と動画案内時にお願いすると、リンク切れに早く気づくことができます。

▶内容の更新を怠らない

たとえば消費税率に言及した動画を撮っていて、税率が変わるたびに該当部分を撮り直すとなると、かなり大変な作業になります。できれば動画のキャプションで「○年○月時点では○%です」と注意書きを入れたり、もしくは動画URLを貼りつけるメールに注意書きを付記するとよいでしょう。

とはいえ、メインの学習内容ならまだ思い出せますが、余談で話した部分であれば思い出せないこともしばしばです。後から入った会員の方から見ると『最新ノウハウ』と謳っていながら、最新ではないな」とがっかりされるかもしれません。こまめに動画を更新するよう心掛けましょう。

号外動画をうまく組み合わせよう

ネットセミナーは順序立てられた動画をステップメールで配信するだけでも十分ですが、講座内容だけだと堅苦しくなりがちです。時には号外を流していくことで、より親密な関係を作り上げることができます。

▶時節のあいさつを送ってみる

号外であいさつ動画を配信してみましょう。ステップメールではいつ配信してもよい内容にする必要がありますが、号外動画では季節感を伴った内容を流すことでより親近感を増すことができます。

▶成功事例の紹介

同じ事業分野で成功された方にインタビューを行ない、事例と学びを紹介します。ご自身のネットセミナーのブランドイメージの向上にもつながります。

▶新しい法律・助成金などの解説

新しくできた法律、助成金活用方法など、会員の方にとって理解しづらい内容をわかりやすい言葉で解説します。よく会員から質問を受ける内容を盛り込めば、満足度も上がります。

▶市場動向の分析

専門分野の市場動向について定期的に動画で解説をしていきます。一般的な景気動向の話や、季節折々の話を加えていくとネタに困ることもありません。

▶よくある質問をまとめてみる

最近寄せられた質問を配信することによって、質問しやすい雰囲気を演出することもできます。質問やお便り紹介をすることで、他の会員の方もがんばっていることを知ることができ、学習意欲を高めていただけます。

動画再生を増やすコツ

ネットセミナーでは当たり前のことですが、配信した動画は視聴してもらう必要があります。動画をより多く視聴してもらえるようこんな工夫をしてみましょう。

①前の動画を振り返ることができるようにする

1メールで1動画、と紹介していく場合、忙しくて見逃す場合や、「後で見よう」とそのまま放置してしまうケースもあります。3章でも触れたように、対応できないメールが溜まっていくと、「学習がこなせていない」という感情から退会につながりかねません。

たとえば初級、中級と配信をした際に、初級編を見ていない会員が中級編のメールを見たとします。中級編の動画再生URLだけ配置した状態では、

「初級編から見たいな。初級編ってどこにあるのだろう？」

と、わざわざメールから初級編の動画配信案内を探す必要があります。この手間が面倒

で放置されてしまうことも考えられます。メールに以前配信した動画のURLも入れて、見逃した人をフォローするようにしましょう。

②「まとめページ」を作る

会員用のブログやホームページを作っている方は、「まとめページ」で過去に配信した動画をすべて見ることができるようにするのも一案です。「後でまとめて確認できる」という安心感を持ってもらえます。

ただし、まとめページを作ったからと言って、再生回数が増えるとも限りません。

私の実際の経験です。

「まとめページを作って、そこで動画を一気に公開すれば、1回1回動画を公開している時よりも動画を見てもらえるだろう、ストレスを感じず視聴してもらえるだろう」と考え、まとめページで一気に動画を公開したところ、動画を見る回数が1回1回動画を配信している時よりも少なくなってしまいました。まとめページを見るだけで、「後で見ることができる」と安心してしまう方もいらっしゃるからだと思います。動画ごとのメルマガ案内とまとめページとのハイブリッド運営がいいようです。

9
章

続けてもらう
5つのコツ

リアルな会合で顔合わせしよう

会員の方に対してネットセミナーを一方的に配信するだけでは、単調な学習になりがちです。時にはリアルに顔と顔を合わせて会員と運営者、会員同士の交流を深めましょう。

▶勉強会を開催する

会員が全国各地に存在する場合には開催方法を検討する必要がありますが、勉強会を定期的に開いて「学ぶ場」を提供することで、ネットセミナーの内容がしっかり身について、実践しやすくなるとともに、会員とのつながりをより深くすることができます。懇親会と合わせて開催するのもおすすめです。

▶懇親会（オフ会）、旅行（合宿）などのイベントを開催する

会員同士の交流を深めるには、懇親会を開催する方法があります。かしこまった勉強会

と異なり、ざっくばらんな交流をすることができます。運営者側としては、ただの飲み会に終わらせず、ネットセミナーに対する感想や要望などを聞き出すヒアリングの場としても活用しましょう。

また、旅行（合宿）の企画はより大がかりになりますが、さらに満足度を上げることができます。通常の勉強会、交流会よりも運営側が気を配ることが多くなりますが、継続的な会員向けネットセミナーを行なう方にはおすすめです。

▶参加できない方への配慮も忘れずに

どの会を設ける場合にも、参加できる方だけでなく、参加できない方への配慮も大変重要です。全国規模で展開する場合、大都市圏以外の方が参加しづらい傾向があるため、インターネット上で参加できるSkypeでの勉強会を行なうのも一案です。

会員同士で盛り上がる場を作ろう

運営者と会員のつながりが動画配信とメールだけに限定されると、会員の方がやる気を保つことが難しい場合があります。

やる気を保ってもらう方法のひとつが、同じ学習仲間がいて情報交換できる場を提供することです。会員の方が一定の地域に集まっているなら、リアルに集合すれば問題ありませんが、全国に散らばっている場合、インターネット上でみんながやり取りできる場を作る方法があります。いくつかの仕組みをご紹介します。

▶メーリングリスト

メーリングリストは1通メールを送るだけで会員全員にメールを届けることができるので、大変便利です。会員の方がメールでやり取りをすることに問題がない場合、おすすめです。

メーリングリスト・SNSの概要

仕組み	概要	例
メーリングリスト	メールを1通送るだけで、会員同士で互いにメール配信がし合える	・freeml http://www.freeml.com/
SNS	インターネット上に会員限定で集まる場を作ることができる	・facebookグループ ・ピープル http://sns.prtls.jp/ ・Typetalk http://www.typetalk.in/ja/

SNS

ツイッター、フェイスブックなどのSNSも便利です。SNSには参加者を限定してグループを作成できる機能があるので、会員の方の匿名性などを踏まえてサービスを選択しましょう。

うまく盛り上げることができると、運営者抜きに自発的に回っていき、満足度も上がります。先輩会員が後輩会員をサポートできる理想的な仕組みを作ることができます。

一方で、盛り上げることができないと、逆にやる気が低下してしまうこともあります。自発的な盛り上がりができるまでは、こちらから頻繁にアプローチをしていきましょう。

会員の状態を把握しよう①

リアルな会合を開くことができる場合は、会員の方に会って、「もっと知りたいことは何か」などと直接確認することができますが、インターネットだけのつながりとなると、こちらが一方的に動画を配信している状態になり、会員の方が何を望んでいるのかを知ることができません。会員の方の状態を知る方法をいくつか提案します。

いずれの場合も気をつけたいのは、寄せられる声は非常に貴重な声である一方で、声の大きい人・発言意欲のある人に情報が偏りがち、という点です。あくまで一部の意見であって、すべての会員の声の総和ではない点に注意しましょう。

そして、もうひとつ注意したいのが「情報の取りすぎ、聞きっぱなし」です。アンケートの実施はしたものの、改善がみられない状態が恒常化すれば、「意見を言うだけ無駄」という雰囲気になってしまいます。会員の方の声を集めるのなら、「集めた声に対してどうするか」まで情報発信していきたいところです。

会員の状態を把握する手段とメリット・デメリット

	メリット	デメリット
メール	他の人の目に触れないので、意見をもらいやすい。個別対応のチャンスでもあるので、満足度を上げやすい	個別対応の手間が増える。わざわざメールを書く人の意見しかもらえない
SNS	他の人の意見を見ながら投稿できるので、相乗りして意見しやすい。個別対応が不要	人の目に触れるので、意見を書くことをためらう人もいる
アンケート	広い範囲の意見が集められる	適切なアンケート項目設定が必要。定期的に同じ内容で実施すると反応率が下がるので注意
リアルな会合	顔を合わせての意見収集なので、意見の背景を把握しやすい。意見の深掘りも容易	イベントの企画が必要。参加者が限られ、参加する方の意見に偏る

会員の状態を把握しよう②

会員の状態を把握する際に難しいのは、いかにして〝声の小さい方の意見〟を汲み取るか、です。

たとえば私は会員の方に、インターネットに関する新しいノウハウを配信しています。新しいことに貪欲なパソコンの操作に問題のない会員の方からは、「もっと高度なことをやってほしい」という意見がよく出てきます。

ここで会員向けのノウハウを高度化すれば、意見をくださった方の満足度を上げることができます。

一方で、時間が取れなかったり、難易度が高いと感じて学習をなかなか進めることができない方は、「私には難しくてできません」と言いづらいものです。

結果的に高度な技術を望む声のほうが多く上がってくる場合がありますが、一方で声を上げていないこの方たちにとってはさらに難易度が上がり「ついていけない」という気持ちがより強くなってしまいます。

会員の状態をより客観的に把握するには、
● 理解度テストを行なう
● モニター会員にフィードバックをもらう

といった方法もあります。

動画配信内容に対して、定期的に理解度テストを実施することで、こなしきれない情報を提供していないか、内容が簡単すぎて不満はないか、などの点を透かし見ることができます。また、テストを受けるかどうかを任意にすると、テスト受験者の数によって、受講生の興味が持続しているのかどうかを見ることができます。

モニター会員のフィードバックは、ＳＮＳの発言や、会ったことがある人ならその人の性格などを踏まえ、建設的な意見をもらえそうな人をあらかじめ選んでその人から意見をもらう方法です。

ピープルによる会員限定SNS作り

実践！

STEP 1

SNSポータルサイトPEOPLEのサイトにアクセスし“新しいＳＮＳを作成する”をクリック　　http://sns.prtls.jp/

STEP 2

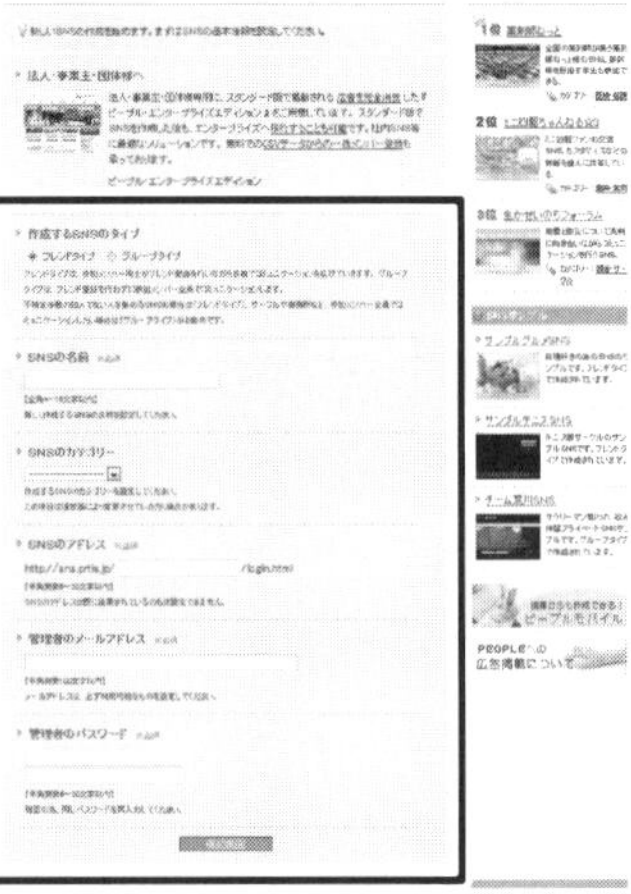

必要項目を入力し流れに沿って登録

STEP 3

作成終了のメールが届くのでメール内リンクをクリック

STEP 4

管理人情報等の入力を行ない、流れに沿って登録

STEP 5

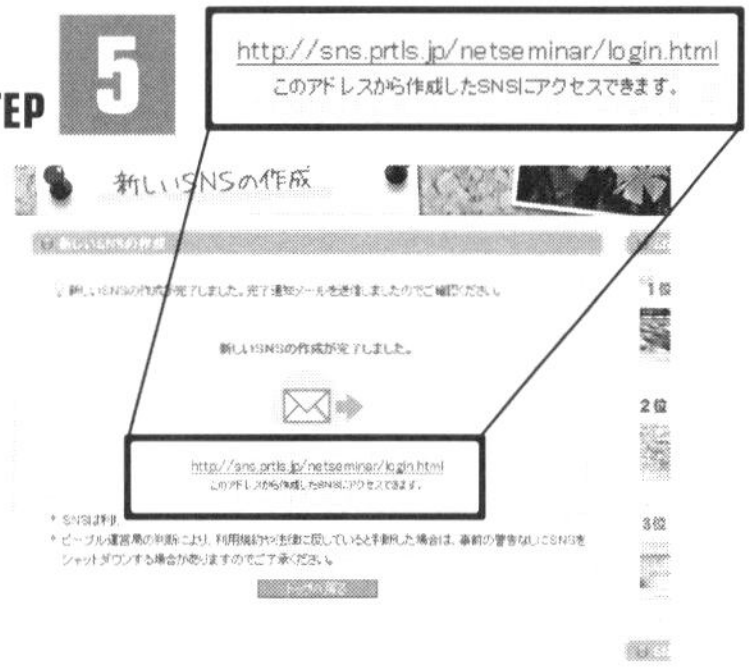

作成が完了し、作成したSNSへのアクセスＵＲＬが表示される

STEP 6

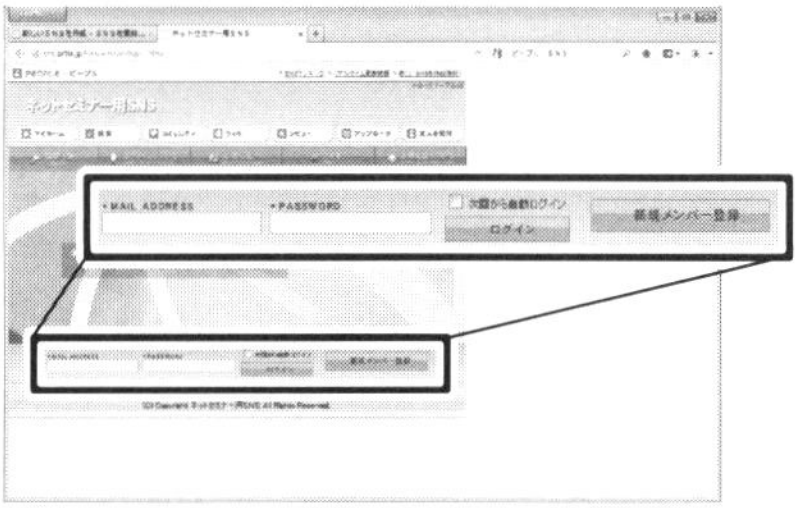

SNSのURLにアクセスするとログイン画面が表示される
（この画面から新規メンバー登録も可能）

STEP 7

SNSログイン後の画面。写真の変更、新しい日記の作成などを行ない、会員の方を迎える準備をする

STEP 8

[PEOPLE]新しいＳＮＳの作成が完了しました。
PEOPLE運営局 <info@prtls.jp>
2014/04/28 (月) 3:06
mailmagazine@miyagawa-software.com

新しいＳＮＳの作成が完了しました。

この度はピープルのＳＮＳ作成サービスをご利用いただきましてありがとうございます。
新しいＳＮＳの作成が完了しましたのでご報告します。

■ＳＮＳの名前

ネットセミナー用ＳＮＳ

■下記のリンクから作成したＳＮＳにアクセスできます。

http://sns.prtls.jp/netseminar/login.html

■携帯端末からは下記のリンクよりアクセスできます。

http://msns.prtls.jp/netseminar/login.html

このＳＮＳで発生した問題について、ピープル運営局では一切の責任を負いかねます。
著作権、個人情報の管理、その他法律の遵守に十分注意しての運営をよろしくお願い致します。

SNSの作成完了メールが届いているので大切に保管する

たまには個別でアプローチ

会員の方の学習状況の把握、意見収集の手段について紹介しましたが、実際に実施をするとさまざまな反応が出てきます。気をつけておきたいのが強い不満がある方、意見を言ってくださらない方への対応です。このような方へは、全体に対しての投げかけではなく個別に対応を行なったほうがよい場合もあります。

強い不満がある方へのアプローチ

SNS上で学習内容に不満の声を上げたり、アンケートに強い不満を書いてくる方がいます。特に会員同士が集う場で不満の声が上がると全体の意識の低下にもつながるため、放置すべきではありません。そのような書き込みがあった場合には、早急に個別に不満の声の背景をヒアリングしてみましょう。特にインターネット上だけでやり取りをしている場合、言外の部分がお互いに理解できず平行線をたどったり、さらに悪い状態になることがあります。個別にアプローチを取る、という姿勢を見せるだけで事態が解決することもあります。

▶意見を言ってくれない方へのアプローチ

特に注意をしたいのは、それまでSNSに積極的に参加していたり、アンケートに熱心に回答していたにもかかわらず、急に発言をしなくなるケースです。

この場合、しばらく様子を見た後に、「最近、どうですか？」といったあいさつをメールなどでしてみることをおすすめします。

「他のことに忙しいんですよね」と言われることもありますが、その言葉をそのまま受け止めないようにしましょう。関心度の低下、学習状況が思わしくない、などの背景が「忙しい」のひと言にまとめられてしまう場合もあるからです。

「初回アンケートでは○○を身につけたいと書かれていましたが、最近はどうですか？」と少し踏み込んだヒアリングをしてみると、より詳しく意見が聞ける場合があります。

また、個別にやり取りするだけで、対象となる方のやる気の回復につながることもあります。

成長を感じてもらおう

資格試験対策用の動画を配信するような場合、目標点数の獲得や試験合格など、明確な目標があります。一方で、試験のない生涯教育や永続的な会員となると、目標がないため、だんだんと学習意欲が薄れてしまうことが往々にして起こりがちです。目標が定めにくい場合、いかにやりがいを感じてもらえるかが、継続のポイントです。

▶何かを身につけることが目的の場合

特定の試験はないものの、「売上を上げる方法を知りたい」「パソコン操作を身につけたい」などの目標がある場合には、達成度を確認できる目安があると満足度が上がります。目標を期間で区切るのか、学習の進度に合わせて区切るのかは学習内容によって異なりますが、学習スタート時点、中間地点、最終ゴールなどクリアすべき目標を作って提示をします。目標はあいまいではなく「数値」で示すほうが、達成度が測りやすいのでおすすめです。達成目標を定めることによって、何を学習すべきかが明確になり、意識を高めることができます。

また、達成度が低い会員には「今、何をやるべきか」など優先度を提案して学習の軌道修正をしてもらうことで、学習へのやる気を保ってもらうことができます。

私の運営する組織の場合、3ヶ月おきに会員の方が作ったネットショップを添削しています。ネットショップという成果物を実際に作ることで、成長を実感していただいたり、現状の課題、改善点を把握していただいています。

▶学習期間、内容には特にこだわらない場合

お得意様や、長期コンサルティング契約をしていただいている会員の方への動画配信の場合、関係を継続していただくことが主目的となります。この場合、提供サービスに関心を持ってもらうことや他社サービスに比べた優位性をアピールすることが必要になります。サービスの活用方法や最近の成功事例など会員の方に新たに関心を持ってもらえるような内容を配信するのがおすすめです。

10
章

満足度を上げる工夫

学習タイプ別に配信内容に気を遣おう

「誰に」「何を」「いつ」について検討してきましたが、実際にネットセミナーをはじめてみると、時間が多く学習意欲もある方、まったく時間がなくて忙しいのにお申込みされる方など、実にさまざまな方に参加していただけます。すべての会員に役立つものを、と考えても、ネットセミナーに費やしてくれる時間や熱意が違うので、押しなべて全員に満足のいくものを構築するのは一筋縄ではいきません。

「成長感、達成感を感じてもらうには充実した多くの内容を」とお考えになるかもしれません。しかし、これでもか、と情報やノウハウを積み上げればそれでよいのかというと、そういうわけでもありません。気をつけたいのが消化不良を起こすとかえって不満足になってしまう、という事実です。

この点は運営を通じて試行錯誤をする必要がありますが、ネットセミナーで考慮すべき軸として学習速度、費やせる時間の２つの側面から考えてみます。

学習速度・学習時間で分けられる会員タイプ

学習速度

速い

がんがんと学んでいきたいタイプ。一気に学びたい意欲が満々なので、ネットセミナーの配信間隔が空いたり、遅すぎると飽きられてしまいます。時間がある方向けの応用課題を資料として配布するなど、自習していただく工夫をしましょう。

要点を伝えることで器用に学んでいけるので、ネットセミナー内容の要点をあらかじめ伝えておくなど、学習の取捨選択ができるようにしましょう。

少ない　　　　多い

学習時間

このタイプの方には短時間で成長感、達成感が得られるような理解しやすい学びをコンパクトに伝えます。回を追うごとにどこを学んでいるかわからなくなりがちなので、「今ここを学んでいますよ」と全体の中での位置づけを伝えることで安心して学習を続けていただくことができます。

一生懸命じっくりと取り組んでいただけるタイプなので、特に問題はありません。この方たちがついてこられるペースかどうか、こなしきれない量を提供していないか、学習進度を見守る必要があります。

遅い

メールは必ずしも届かないと心得る

申込みフォームの自動返信機能や有料のステップメールを利用しても、どうしてもメールが届かないことがあります。メールは必ずしも届くとは限らない、という想定のもとネットセミナーの運営にあたりましょう。

▶申込み時の受講案内が届かない場合

受講案内が届かないと、決済をしていただけず、申込みが無駄になってしまうことがあります。お申込みくださった方から見れば「せっかく申し込んだのに案内が届かない」と疑問や不満に思いますが、これらの方が全員、問合わせをしてくれるわけではありません。「いったいどうなっているのか」と問合わせをしてくださる方は一部の方、と考えましょう。

受講案内が届かない原因は2通り考えられます。

●申込み時メールアドレスが間違っている

個別にメールを再送するとメールがエラーで返ってくる場合です。この場合はお申込み時の電話宛に確認をしてみましょう。インターネットだけでビジネスを展開する方は「電話を直接かけるなんて、失礼ではないか」と思われるかもしれませんが、相手はあなたのサービスを求めているからこそ申込みをしているのです。

●迷惑メールとして扱われている

大手プロバイダが提供するメールサービスでは迷惑メール対策が大幅に強化されています。こちらからのメールが「迷惑メール」として振り分けられたり、場合によっては途中で削除されてしまう場合もあります。送信エラーがないからといって、申込みされた方に必ずしも届いているわけではありません。

▶受講中にメールが届かなくなった場合

会員の方のフィードバックを得る仕組み（アンケートやネット上での質問サポート）があれば気がつきますが、届かなくなったことを双方が気づかないことがあります。そんな場合にはわかる範囲で溯って受講料を返還するなどの対応をすると好感をもっていただけます。

常に新しいものを入れる

ネットセミナーは一度作り上げたら再利用可能なところが大きなメリットです。学習内容をまったく変えずにずっと使うことができればそれに越したことはありませんが、はじめのうちは競合他社と比較して優位性のあるサービスであっても、同じ内容で勝負をしていてはだんだんとその優位性が薄れていく可能性があります。特に他の競合他社もネットセミナーをはじめたという場合、どこで差別化を図るかは重要な検討事項です。また同じ内容だけでは既存会員の方にとっても魅力がなくなってしまうのは言うまでもありません。

ここでは先駆者であることの優位性を保ちながらネットセミナーに新鮮さを取り入れるためのコツをお伝えします。

▶新しい学習内容を追加する

新しい学習内容を追加することで、新規会員だけではなく既存会員の方にもアピールができます。身につけるべき技術が常に進化しているIT業界などには特に有効な方法です。また○○編という形でネットセミナーをまとめる場合、そのバリエーションを増やしていく方法も考えられます。当初6ヶ月、初級編しかなかった場合、6ヶ月を超えた方に中・上級編を配信するのもひとつの案です。

▶旬のネタを追加する

今、知ってほしい旬の情報を適宜配信していきます。再利用するのが難しくなりますが、最新の情報をいち早く届けることで会員の満足度が上がります。短くてもいいのでなるべく早く、会員の知らない、ためになる情報をお届けしましょう。なお、このような情報は必ずしも動画でなくてもかまいません。動画とメールをうまく組み合わせて配信しましょう。

▶質問に応じて内容を改善する

頻繁に質問を受ける箇所はネットセミナーのわかりづらい部分、興味のある部分でもあります。この部分を深掘りして、さらに動画の追加や改善をすることで会員の満足度が上がります。追加した動画は、既存会員の方には号外で案内をし、新規会員の方向けにはステップメールに組み込んで案内します。

満足度を調査する

一方的にネットセミナーを提供しているだけでは、会員の方が何を思っているのか把握することができません。前述したように、リアルに会員の方が集う交流会（オフ会）などがあればその時に話を聞くこともできますが、全員が参加するわけではありませんので、満足度を定期的に把握する仕組みを考えましょう。

▶アンケートフォームを作成する

フォームメーラーなどを利用してアンケートフォームを作成します。フォームメーラーを利用する場合、無料版では項目数に限りがありますから、多くのアンケート項目を作成したい場合は有料版を利用します。定量的に満足度を確かめたいところは項目をきちんと立て、それとは別に自由に意見が書き込める部分を作成しましょう。定型部分が多い場合、「満足度○％」と客観的な数字で分析することが可能です。また定期的に行なうことによって満足度の推移を計測することもできるでしょう。一方で同じアンケート項目ばかりを繰り返していくと、長く続けている方はアンケート回答率が低下していく傾向があります。たまに視点を変えた項目を入れるなど継続的に協力していただける工夫が必要です。

▶アンケートの項目例

①最も興味のある分野・項目を挙げてください（選択式。複数回答可）
　1．商品の選び方　2．ページの作り方　3．集客の仕方　4．…
②難しいと感じる分野・項目を挙げてください（選択式。複数回答可）
　1．商品の選び方　2．ページの作り方　3．集客の仕方　4．…
③今期の学習に対する取り組み状況・成果をお聞かせください（自由回答方式）
④よかったところ、残念だったところを具体的にお聞かせください（自由回答方式）

アンケートの仕組みを作ったとしても、全員が回答してくれるわけではありません。本当に不満足な方は黙って去っていきます。アンケートの実施結果だけを見るのではなく、アンケートへの協力姿勢も含めて満足度を考察してみましょう。

課金トラブルがあった場合の対処法

会員が増えて運営も順調、という時に気をつけたいのが、受講料の課金トラブルです。ここでは対処方法について考えます。課金トラブルが頻発すると会員の信頼を損ない、SNSや口コミなどでも評判を落としかねません。会員に納得のいく形で速やかにトラブルを解決することが必要です。

「やめると連絡したのに、課金が続いている！」

会員からこうした申し出があったら、すぐに支払状態を調査し、その通りであれば速やかに謝罪と返金をします。

そもそも、退会希望の連絡がこちらに届いていない、ということもあります。この場合、「退会希望者の方からのメールが本当に届いていない」場合と、「退会希望者の方がメールしたつもりでいたけれど、実際にはメールを出していなかった」場合があります。

いずれの場合も、サービスの利用状況などから、全額返金とするか、一定期間の返金とするか、などの対応をしましょう。たとえば「4ヶ月前にやめたはずなのに」という申し出があった場合、ネットセミナーの受講状況、SNSのログイン履歴などを確認して、2ヶ月前まで利用していることがわかったら、相談の上、2ヶ月分を返金するといった柔軟な個別対応をとるのがおすすめです。

▶カード決済の失敗が続く

カード決済の失敗が続く場合があります。カード決済の場合、自動で定期決済されるためネットセミナーの運営が忙しくなってくると確認の優先度が低下しがちですが、決済失敗が長引くと、いただくはずだったお支払が今月分なのか来月分なのか、と区切りがあいまいになってしまいます。

またカード決済の失敗に関しては、決済会社のシステムトラブルの可能性もあるので、一方的に会員の方のせいだ、と決めつけるような対応は避けましょう。念のための確認、という形でカード決済の失敗が起こったことを会員の方に丁寧に伝え、事態解消に向けて積極的に働きかける必要があります。

受講レベルが合わない！ と言われたら

学習内容が会員の方の期待していた難易度より簡単すぎたり、難しすぎた場合にこのようなクレームが寄せられます。期待値と実体のかい離がある場合、募集方法に誇大広告的に感じられる部分はなかったか、なぜ会員の方の期待に背いてしまったか、について分析をしましょう。

▶簡単すぎる場合の対処

学習が進むにつれて難易度がその会員の期待するレベル・内容に沿っていくのであれば、その点を案内しましょう。「来月にご希望の○○についての配信があります」と伝えることで安心していただけることもあります。難易度別にコースが複数あるのであれば、コース変更の案内をします。初心者向けのサービスだけを配信している場合は、こういうクレームが上がってきた時点で、中級者向けの学習内容について配信検討をしていきましょう。

注意したいのが、基礎として大事な点を教えている段階で表面だけを見て〝簡単〟と言ってしまう方もいる点です。基礎として必ず踏まえておく必要があれば、その必要性についてうまく伝わっていなかったと考え、内容の伝え方を改善していきましょう。

▶難しすぎる場合の対処

難しすぎる、とご意見をいただく場合の半分は本当に難しい場合、もう半分は難しくはないけれど難しそうに見える場合です。難しい、のひと言だけでは「何が」の部分がわかりませんから、原因の深掘りが必要です。会員の方だけに答えを求めるのではなく、運営側でも難しく感じてしまう原因について考えてみましょう。

たとえば雑多にネットセミナーの動画を準備して「好きなものを好きなだけハイ、どうぞ！」と並べた場合、どれから順番に視聴したらいいのか初心者の方は学習順番の組み立てに迷う場合があります。選択の難しさを〝難しい〟と捉えてしまう場合もあるので、難しいと感じていることは何なのか、運営者側の問題はないか、などについて分析をしてみます。簡単すぎる場合の対処と同じようにコース変更などが可能であればそちらの案内をします。

会員同士のトラブルについて

「人集まれば諍いあり」です。会員の方同士でSNSや会合で意見を出し合う場合、「みなさん仲よく」が一番ですが、そううまくいかない場合もあります。長い間、問題が放置されれば、他の会員の方のモチベーションにも影響を及ぼしかねません。会員の方同士が目に見える形でもめていたり、片方の方が困っているようであれば、運営者として間に入って個別に調整するなどの配慮が必要です。

▶お互いの話すレベルが噛み合わない

注意したいのが、初心者の方が入りたてで右も左もわからないうちに、上級者の方から頭ごなしに「レベルが低い」「そんな質問するな」と叱られるような場合です。初心者の方はSNSや会合に参加するだけでもドキドキしている状態ですから、事態を放置すれば怒られた方のモチベーションは確実に急降下します。このようなやり取りには運営者として非常に敏感になる必要があります。質疑応答にギャップがないかをよく見極めた上で、咀嚼して初心者の方に伝える役割を担いましょう。

また普段の運営方針として、初心者の方を受け入れやすい雰囲気作りをすることも重要です。

▶主義主張の違いでもめている

ネットセミナーの内容について自論の主張をし、一歩も引かない状態で双方が主張し合うことがあります。客観的に事実を眺めて事態収拾に努めましょう。仮に片方が間違っている場合も頭ごなしに「こちらが正解です」としてしまうと間違っていた方の面目は丸つぶれですから、双方の顔が立つ形で落としどころを見極めましょう。

時には表のフォローと裏のフォローを使い分け、裏で双方に対して個別にメールでネゴをして事態収拾を図ることも有効です。

いずれの場合も、お互いが気持ちよく会員を継続できるように、常に運営者としての配慮が必要です。1回起こってしまったことに関してはそれを学びとして、そういったことが二度と起こらないように運営体制の改善に心掛けましょう。

問題があると感じられた方への配慮を忘れずに

ＳＮＳのグループを活用する場合、以下のようなケースには特に気をつけましょう。いずれの場合もケースバイケースで、経験値としてさじ加減を覚えていくしかありませんが、気をつけたい点をまとめてみます。

発言のテンションがやたら高い

ＳＮＳに毎日書き込むといった通常レベルの熱心さではなく、常に常駐しているのではないか、というレベルの場合、またテンションが異様に高い発言が散見される場合、その方の書き込みは特に注意をしましょう。書き込みがポジティブな時はいいですが、時としてある一定の度合いを超えると他の会員の方への攻撃に変わる場合があります。ＳＮＳ等で盛り上がることが学習の直接のゴールではないことを個別に伝えて、個別対応で吸収してしまうのもひとつのやり方です。

▶うつ病だ、と自分で宣言している

うつ病宣言をする人も時々いらっしゃいます。この方たちには「がんばってください！」の一方的応援はプレッシャーとして響いてしまいます。「一緒にがんばりましょう」という言葉を添えて、その方だけにプレッシャーをかけないような言葉を選びましょう。他の会員の方が無意識に「がんばって！」を連呼している場合には、他の話題に切り替えてみるなど逃げ道を作ることも必要です。

▶ネガティブな発言が多い

「できない」「やる気がない」「難しい」などのネガティブな発言が多い方がいらっしゃいます。「そんなことないですよ」「きっとできます！」等のポジティブな発言で返しても、「でも」「しかし」とやり取りが続きがちです。この場合、「私も最初の頃はそう感じていました」「○○についてそう考えるのは無理もありませんね」と、いったんその方のネガティブな発言を受け止めた上で、建設的な提案をしましょう。

他の人の力をうまく借りる

本書をお読みいただいてネットセミナーを検討する方は、少人数もしくは個人で運営を想定される方が多くいらっしゃるかと思います。SNSやリアルに顔を合わせる会合でも運営者だけが孤軍奮闘すると盛り上がりに欠け、また忙しくなってきた時に細かなところに目が行き届かなくなります。ここではうまく他の方の力を借りてネットセミナーを盛り上げる方法を考えてみましょう。

▶会員の方の力を借りる

ネットセミナーで教えている内容について実績のある方や経験者の方など、先輩会員としてフォローしていただける方に協力をお願いする方法です。特に同じネットセミナーの手順で学んだ方であれば、実績を上げた方の話は貴重な体験談となります。場合によってはネットセミナーの受講料を無料にしたり、割引を行なうことで特別にサポートをお願いするのもおすすめです。

▶成功者に登場してもらう

ネットセミナーでノウハウを学んで売上を伸ばした経営者など、成功者がどのように道を歩んできたかについて、興味を持つ会員も多いはず。そのノウハウをお願いして公開していただいたり、公開インタビューにしてネットセミナーの内容に厚みを持たせましょう。

▶詳しい専門家に任せる

ネットセミナーも自分だけで運営していると、スピード感に欠ける時があります。ある部分は詳しい専門家にご登場いただき、その道のプロがじっくり語るネットセミナーができれば、会員の満足度も上がるでしょう。

退会された方も大切なお客様

会員のうちは手厚く、退会されてしまった方は知らず存ぜぬ、という対応はいただけません。一度はあなたのネットセミナーに興味を持ち、面倒な手続きを経て会員になってくださったお客様です。退会された方にも気を配ることで、さらなるビジネスの発展につなげることができます。

▶退会時の対応

退会時は退会理由を十分にヒアリングして、不満を持たれている場合には不満の原因を究明し、対策を考えましょう。

ネットセミナーの改善は退会された方本人には伝わらない場合もありますから、たとえクレームを受けた場合でも、ヒアリングによって有益な今後の改善点を学べたことに感謝の意を伝えます。退会した後も会員同等の丁寧さを持って対応することで、その後のセミナーに参加していただいたり、他のサービスを利用していただいたりと、その後のビジネスにつながっていく場合もあります。

▶退会後の対応

退会後にも近況報告を兼ねて連絡が取りあえる関係が続くと理想的です。会員でいてくれたことに感謝を込めて、時には有用な情報を無料で流すなどすると、元会員の方にも喜んでもらうことができます。

忙しかったり事情があって退会された方の中には、また会員として戻ってきてくれる方もいらっしゃいます。退会後の対応は感謝の気持ちで行なっていきましょう。また退会した方（すでに学んだ方）がもう一度会員に復帰したい、と考えた場合の受け皿を準備しておくのも重要です。

新規会員時と比較して、金額、スケジュールなどの面で何らかの配慮があると再開していただきやすくなります。

会員の方と笑顔で成長できる関係をめざそう

会員数が増えてきて、運営も順調、というところで陥りがちな落とし穴があります。それは受講者不在の学習内容を提供してしまうことです。

定額課金を導入すると、継続率は高まりますが、興味のある方だけではなく、「興味のない方が惰性で会員を続けてしまう」ことにもつながりかねません。これは理想的な運営状態ではありません。普段から会員の方の学習状況の把握、内容の見直しなどを努めて行なっていかないことには、会員数が増えても、会員の方にとって存在意義のない組織になってしまいます。

最初に掲げた学習目標を常に会員の方に提供できているか、足りていないところを補える点がないかどうか、などを常に考えながら組織運営を行ないましょう。

「動画配信＝お金儲け」という図式が頭をよぎるかもしれませんが、その考えだけでは長く運営を続けることができません。

インターネットの向こう側には、何らかのやりくりをして貴重な受講料を払ってくださるお客様がいることを常に意識しましょう。

ビジネスとして行なう以上、売上を上げることは欠かせませんが、大切なことは他にもあります。

セミナーやオフ会などで言葉をかけていただいたり、

「売上が向上した」

「わからないところがすぐ聞けて助かる」

と会員の方からメールをいただくと、私は無上の喜びを感じます。これがネットセミナーの醍醐味だと思います。

ネットセミナーを提供することで、会員の方に「学ぶ喜び」や「達成感」を感じていただければ、これに越したことはありません。そういった喜びが組織を成長させ、新たな価値をもたらします。会員の方と笑顔で成長できる関係をめざしましょう。

おわりに

本書を手に取っていただき、最後までお読みいただきまして誠にありがとうございます。

最高益を上げる大手企業が多い中、個人・中小企業の経営はますます厳しさを増している一面もあります。景気のよいニュースを聞く中でも、まずは自分、まずは社員の生活を、と頭を抱えている経営者の方も多くいらっしゃると思います。私も「いったいこの先どうすればいいいんだろう」と考えたことが幾度もありますが、偶然にも追いつめられると次の光が見える、ということの繰り返しで今に至っています。

この本はネットセミナーについてお話ししていますが、一経営者の新しい挑戦と読み替えて読んでいただくことで、ネットセミナーであれ、他の挑戦であれ、一歩踏み出し試行錯誤する勇気を少しでも持っていただければ幸いです。

私は「動けば結果はついてくる」と常々考えています。「まだまだいろいろなやり方があるんだな。ひとつやってみるか！」と新しい行動のきっかけになりますように、という想いを込めて執筆させていただきました。

本書は同文舘出版の出版会議がきっかけで誕生しています。時にやさしく、時に厳しい古市編集長をはじめ、つかず離れず執筆のご指導をいただいた竹並さん、他編集者のみなさまには大変お世話になりました。東京・埼玉出版会議、京都の出版合宿で他の出席者の方からいただいたご意見は原稿の最終チェックの際に再度見直しの参考にさせていただきました。合宿の際、深夜までご指導くださった船井総合研究所の岡さん。事例でも紹介させていただいた株式会社ネクストフェイズの東川さん、谷野さん。みなさまのおかげでようやく本になりました。ありがとうございます。

「ネットセミナー」の仕組みは、「もしもビギナーズ塾」というインターネット上の学習塾の運営ノウハウから生まれています。多くのアイデアをくださった塾生のみなさま、共同主宰者の市川さん、株式会社もしもの実藤社長、佐藤さん、小野さん、長島さん。ノウハウが形にできたのはみなさまのおかげです。ありがとうございます。

講師という職業が素晴らしいものだと確信させてくれた西川さん。新しいツールやソフトをいち早く惜しみなく紹介してくれる鈴木さん。忙しいとぼやくと「忙しいのはええこっちゃ」と励ましてくれる栗原君。タイミングよく、次の世界へと道を切り開いてくれる猪狩さん。一緒に仕事をさせていただいている吉川さんはじめタロスカイのみなさま。

個人自営とは言え、「一人ではないんだ」と思えて力強く仕事を続けてくることができたのはみなさまのおかげです。ありがとうございます。

生まれてこの方、迷惑のかけ通しですが、私の両親にも感謝の気持ちでいっぱいです。

最後に。仕事に執筆にと忙しい中、一人で過ごす寂しさを我慢してくれた妻由佳里さんへ。どんな時でも笑顔でいてくれるあなたに「何とかなるさ」といつも励まされてきました。この本はあなたの愛情とあなたへの愛情で書き上げたものです。本当にありがとう。

宮川　洋

巻末資料 ネットセミナー企画シート

http://www.netshukyaku.jp/planningsheet/
よりダウンロードできます。

■計画

項目	詳細
配信内容	
ビジネスの中の位置づけ	
誰に提供するのか	
何を提供するのか	
配信スケジュール	
1回の動画の長さ	
配信方法	
料金体系	

■受講期間、募集計画

受講期間	○月○日～○月○日
配信回数	○回
募集開始	○月○日
受講開始	○月○日
告知方法	

■準備

項目	状態	備考
申込み受付		
受講案内		
課金		
メール配信		
動画再生		
会員管理		
資料配布		
問合わせサポート		
退会処理		
リハーサル		

状態欄には準備完了であれば○を入れましょう

本書で紹介したソフトウェア・サービス

■申込みフォーム
フォームメーラー
http://www.form-mailer.jp/

■カード課金
ペイパル（Paypal）
https://www.paypal.jp/

■動画編集
プレミアエレメンツ
http://www.adobe.com/jp/products/premiere-elements.html

■動画配信
ユーチューブ（YouTube）
https://www.youtube.com/
ヴィメオ（Vimeo）
https://vimeo.com/

■ステップメール
オートビズ（AutoBiz）
http://autobiz.jp/

■SNS
SNSポータルサイト　ピープル（PEOPLE）
http://sns.prtls.jp/

※その他にも数多くありますが、初心者の方のために絞り込んでいます。
※ソフトウェア・サービスについての機能・画面紹介は2014年8月時点のものです。

著者略歴

宮川 洋（みやがわ ひろし）

1970年東京生まれ。大阪外国語大学（現大阪大学）卒業。

ネット集客の宮川代表。米国PMI認定PMP®（Project Management Professional）、NPO法人ドロップシッピングコモンズ会員、NPO法人プロジェクトマネジメントインキュベーション協会会員、もしも大学公認講師。東京商工会議所情報部会所属。

プロジェクトマネージャー経験を活かし、「増やしてみせます！お客さん」をモットーにお客様のホームページ集客力向上コンサルティングにあたる。会員40万人を持つ「もしもドロップシッピング」の公式教育機関「もしも大学」の公認講師。札幌から那覇まで40都市以上で講演を行ない、ショップ運営ノウハウをインターネット上で学べる「もしもビギナーズ塾」を主宰。インターネットで動画を配信し、安定した収益を仕組み化する「ネットセミナー」を提唱。

メール　**miyagawa@netshukyaku.jp**
ホームページ　**http://www.netshukyaku.jp/**

知識・ノウハウを「動画配信」して稼ぐ！

「ネットセミナー」のはじめ方

平成26年10月3日　初版発行

著　者 —— 宮川洋
発行者 —— 中島治久
発行所 —— 同文舘出版株式会社
東京都千代田区神田神保町1-41　〒101-0051
電話　営業03（3294）1801　編集03（3294）1802
振替00100-8-42935　http://www.dobunkan.co.jp

ISBN978-4-495-52881-2
印刷／製本：萩原印刷
Printed in Japan 2014